行走|文丛

田野上的史记

行 走 岭 南

熊育群 著

海天出版社（中国·深圳）

图书在版编目（CIP）数据

　　田野上的史记：行走岭南 / 熊育群著. —深圳：
海天出版社 2014.11
　　ISBN 978-7-5507-1164-8

　　Ⅰ.①田… Ⅱ.①熊… Ⅲ.①文化史－广东省 Ⅳ.
①K296.5

　　中国版本图书馆CIP数据核字（2014）第181328号

田野上的史记：行走岭南
TIANYESHANGDE SHIJI：XINGZOU LINGNAN

出 品 人　康新亮
责任编辑　张小娟（xiaojuanz@21cn.com）
责任技编　袁梅琴
封面设计　王松璋

出版发行　海天出版社
地　　址　深圳市彩田南路海天综合大厦　（518033）
网　　址　www.htph.com.cn
订购电话　0755－83460293(批发)　83460397(邮购)
设计制作　深圳市龙墨文化传播有限公司（0755－83461000）
印　　刷　深圳市希望印务有限公司
开　　本　787mm×1092mm　1/16
印　　张　14.75
字　　数　230千
版　　次　2014年11月第1版
印　　次　2014年11月第1次
定　　价　35.00元

目 录
contents
田野上的史记 · 行走岭南

目 录
contents
田野上的日记 · 行走岭南

引　言

　　岭南文化对中国现代国家转型的巨大作用，我是以田野调查的方式慢慢体验、觉悟到的，它不是来自书本，也不是来自知识，而是我切身的体会。作为一个作家，移居广东 20 年，我的创作从诗歌转向以散文为主，散文题材又以广东为主，这全是因为这块土地丰富的历史文化积淀。岭南的文化还不为世人所知，甚至在岭南之外形成了一种偏见，这都是极不应该、极其令人痛惜的。岭南文化是最丰富、最具自己特点甚至可说是异质于内陆的文化。我主要关注的是两个方面：一个是它的移民文化，这是本土化的中原文化；另一个是西方文化，就是东西方文化大碰撞。移民文化是在一个新土壤里形成的，这个土壤便是百越土著文化。

百　越

　　百越族，我们知道的并不多，最早有记载的是秦始皇统一中国，他派了一支 50 万人的军队打到岭南，然后统一岭南。任嚣和赵佗是统帅，任嚣在广州实行了跟土著融合的政策——通婚，也重用当地百越族人。这些在历史典籍中有一些记载，但非常少。整个岭南的历史有记录的就更少。可以说，没有哪一个土著人成为影响一方能够流传到今天的人物，只有历史学家略知一二。比较广为人知的，便是俚僚人的头人冼夫人。她出生在茂名。我去过她的墓地两次，在她的墓地前还建有一座庙。2013 年她的墓地被评为全国重点保护文物。当地人到庙里面去烧香，都说特别灵。冼夫人历史留名是因为她带领俚僚人维护了跟中原的统一与和平，所以我们说她是巾帼第一人。

在岭南这块土地上，以前没有中原人来的时候是什么状况？它被中原人描述成一种可怖的模样，妖魔化了。强势的文明都喜欢这样做，凡所谓的文明中心都必定以矮化甚至丑化别的文明为手段。不同的文明从文明本身来讲都是平等的、不可替代的，以优劣、先进来界定文明的等级，都是人的机心与权势所为。我们现在看到"西方文明中心"的嘴脸是什么模样了，它制造了世界都是围绕着它转的假象，以它的价值观、它的秩序、它的文化为中心，以它的历史为历史，以它的现实为现实，别人的都可以忽略，甚至视而不见，甚至严重歪曲、妖魔化。因为它有实力，它是强势，有话语权。这是利益对于文明的扭曲。一部文字写就的历史往往谎记连篇，充满遮蔽与偏见。

我们的世界的确是发展的，变化无处不在，但并非总是越变越好，并非现代的就一定好过古代的；科技与文化的确在发展在积累，但未必合乎人性有益于人类；现代人比古代人是不是就越来越幸福？越往历史深处走是不是就越来越不幸呢？肯定不是这样！人类能力显然是越来越强了，但人性几千年来也没有多少进步，反倒在退步，人的贪婪与能力结合，可以毁灭世界！我们已经在这种毁灭的阴影里生活了几十年，原子弹、生化武器、资源枯竭、气候变化、环境污染等等，而我们不过是换了一种生存方式。接下来还会有更多可以获取巨大利润却会损害人类身心的东西出现。

在中国古代，中原的文明占高度的统治地位，它把周边的文明矮化，冠以种种蔑称，如百越族被称为"猺、獠、獐、獽"，这些名称都是"犬"旁。南方人被视为动物，统称为"南蛮"。

就是这个"南蛮"之地，现在随着地下文物的出土、挖掘，同样有陶瓷、青铜、铁器，它的文明程度并不低。特别是四川盆地"金沙堆"的出土，完全改变了我们的历史观。我们说中华文明的发源地在黄河，黄河文明是我们中华民族的摇篮。这个观点现在说起来就错了，你已经无法解释"金沙堆"，它这种文明的发达程度甚至超过了中原，4000 多年前达到那样惊人的程度，不可想象！但它却完全与书本历史无关。历史总是要反复重写，这就是问题之所在。我们的文学史也要重写。文学史实际上是一个汉民族的文学史，更是一个中原的文学史。我们以前说中国文学史是没有史诗的，第一部文学作品是来自民间的《诗经》。这个话对吗？现在我们有56个民族，而藏族的《格萨尔王》从古代一直流传到现在，还是活在藏族人口头上的史诗，其长度远比《荷马史诗》长。

岭南的土著，他们既没有留下多少名人，也没有留下像样的遗物。如果说有遗物，雷州半岛的石狗勉强算得一个。我在广东各地跑了这么多年，想寻找他们的生活遗迹，真的太少太少，只有一些出土文物，还在我们生活中流传的我没有发现。这个石狗我相信是留下他们生活遗迹的东西。它是生活中的艺术作品。狗被雷州半岛土著民族视为祖先，是他们的图腾。石狗令我非常感动，这种感受只有艺术才能达到，哪怕一两千年前的东西，你能通过艺术作品感受到那个时期这些人的内心情感，他的趣味、他的想象、他的情绪，他想要表达的意思，他在想什么、喜好什么，都在作品中有所反映有所表现。艺术在于内心的表达，艺术作品是能让你感觉到它背后的那个人的，你会觉得跟他有情感上、思想上的交流和共鸣。

石狗雕塑填补了中国雕塑史的一个空白。我们的雕塑作品乏善可陈，大部分都是宗教题材的，石窟造像、神像等，艺术价值不大。石窟造像是佛教从"丝绸之路"传过来的，著名的云冈石窟、龙门石窟，这些雕塑作品到了中原受到儒家文化的巨大影响，已经远离人性了。丝绸之路往西，还有西藏的阿里地区，那里的壁画、雕塑跟我们中原是不同的。同样是观音菩萨，西域的观音菩萨婀娜多姿，非常柔美、非常性感，性的特征非常鲜明。到了中原，观音菩萨就变成水桶腰，没有性别了。

石狗它能够冲破这种中原儒家文化伦理道德的束缚（那时雷州半岛根本就没有儒家文化），去表现人的生机勃勃的生命，表现生活的气息，把那个时代人的精神面貌表现出来。而这样的雕塑作品在中国非常鲜见，偶有几件，已经珍贵得不得了。石狗完全是个人的创作，创作者完全凭自己的喜好去雕塑，是充满个性的作品。所以它是了不起的。有的石狗坐像有五条腿，其中一条腿是生殖器，雕得那么夸张，这是活生生的生殖崇拜，是对性，也是对生命繁衍的崇拜，这在中原是不可想象的。这片土地还没有被中原文化、儒家文化污染，是充满朝气的、活力的、原生态的文化，因而是更合乎人性的文化。这里面就有百越族人的影子。

现在，广东人的祖先几乎都是从中原移民过来的。百越土著们到哪里去了？谁也说不清，他们没有了。美国印第安部落还存在，但是在我们这块土地上不存在百越族人了。也许我们的血液里融合了他们的血液，他们的基因进入了我们的身体；也许他们被赶走了，去更远的地方了，东南亚或者其他更加遥远的地方。总之，这块土地上现在全部都是中原人的后代。原先的土著人就像浮萍漂走了，一点痕迹都没了。我们现在要回顾以前，讲土著的文化，没有太多可讲的了。他们是岭南文化最远古的、最原初的东西，他们对我们的影响一定不小，但我们自己搞不清楚了。岭南文化主体变成了移民文化。

民　系

移民，与历史上的大迁徙有关。广东三大民系：客家人、潮汕人、广府人，他们是广东人的主体，在东晋、唐和宋，因为战争，有三次大的迁徙，还有明清的迁徙，再加上现在改革开放的大移民，构成了今天的广东人。

我比较感动的是客家人。他们的特性明显，这个民系对中原祖先、对中原文化念念不忘，他们对自己生命来源的追寻都浸透到自己的生活中去了，这种对根的自觉意识，世界上任何一个民系都没有这么强烈，所以它保留的中原文化的痕迹或者烙印也特别深。

在梅州有记载的最早迁来的人是程旼，1500多年前的一天，年近半百的程旼，带着他的家人和部分族人从江西鄱阳湖湖口启程，由鄱阳湖入赣江，向东逆贡水至于都、会昌，过筠门岭，走现今的澄江、吉潭，或走水路石窟河、普滩，抵达平远官窝里。那时，平远人烟稀罕，野兽出没。唐代开元年间，梅县人口也不过千，汉人仅200人，其余皆为畲、瑶和黎。客家人多起来要到北宋后期，一场"靖康之乱"，他们南迁至此，那时主客户达 12372 户，一半以上是客家人。这已是继唐僖宗乾符五年黄巢起义客家先民第二次大迁徙后的第三次迁徙了。

客家人经历过三次大迁徙，"五胡乱华"是中原人第一次大迁徙。这次迁徙自汉末直到隋唐。迁徙范围之广，北从山西长治，西到河南灵宝，东至安徽寿县，迁徙者直到过了长江才集中在鄱阳湖地域落脚。他们在这一带开始孕育一个独特的客家民系。而远行者沿黄河、颍水，经汝颍平原，一直走到梅州山区。梅县大墓岌、畲江等地出土的两晋文物就彰显出这些先行者的行迹。

程旼的名字是怎么流传下来的呢？只是一个偶然吗？今天的人还在给他修建故居。这并非他艰难的迁徙之路，客家人迁徙都有一段血泪史。程旼穿越时空，是因为他在这个荒蛮之地的所作所为。

这个被称为南齐处士的人，民间传说他到达官窝里后，将儒家"泛爱众而亲仁"的"仁"发展为和邻睦族。程旼族人与邻的是土著畲、瑶，还有更原始的土著山都、木客。这从本地九畲十八溪的地名便不难推想。这些原居民"民风剽悍，尚气轻生"，喜好巫觋，崇拜狗，常以鸡肝纹理预测祸福。山都、木客则"裸身被发，发长五六寸，长在高山岩石间住。暗痖作声，而不成语。能啸相呼，常隐于幽昧之间，不可恒见"（这些又是一种污蔑性的记载。）程旼与当地土著如何沟通，如何和邻睦族，已不可考。当地传说，他面对好斗成性的异族，先是办私塾，把敦本崇教之风带到这里，又以仁爱来息其斗念。土著有了纠纷不去官府，宁愿来找程旼，他总是耐心为乡邻辨别是非曲直，讲出一番做人的道理。"心有愧怍者，望其庐辄思改过，有陈太邱之风焉"。

程旼声名远播，还得益于他的乐善好施。他周济贫苦人家，建凉亭、辟山道、筑桥、修水利，至今当地还有程源桥、程公陂。那时，耕种方式还很原始，程旼改进耕作技术，制作了一种犁，民国时当地拱背犁还称作程犁。

程旼这样的一介布衣，明末时成了岭南公认的古七贤之一，竟然与韩愈、张九龄、文天祥并列。清代葛洪的广东《通志》列出的古八贤，他排在第一。自宋以来，历代文人骚客来此吊唁、瞻仰，写下大量诗词。地方官员也撰写了很多宅墓文、碑记、传记、簿序等。程旼渐渐作为岭南卓著的客家先祖被后人所敬仰。

也许后人把很多美好的品德加到了程旼身上，对他有所塑造，以集中反映中原文明如何传播岭南这一历史进程。但程旼的所作所为如不罕见，他迁来13年后，皇帝不会以其姓氏给这个地方赐名——程乡县。历史上以姓赐地名者屈指可数，程旼受此殊荣，是他的以德化人，信义著于乡里。中国人的理想追求是立德、立功、立言，而立德排在首位。程旼的被看重不难理解。于是，万古江山与姓俱，村为程源村，县为程乡县，江为程江。"君子播奕德以维谖，伊人历千秋而不朽"。

一个至今自称"客家"的民系，与当地土著的融合当不那么容易，外来者总是被土著理所当然地拒绝。岁月里暗藏的刀光剑影，后人已无法看见。大埔联丰村的花萼楼、龙岗村的泰安楼，封闭的家族生活空间如一个巨大的碉堡，大门一关，与世隔绝，可防范外敌侵扰。强人宵小之徒更是不得而入。这是林姓与蓝姓一族的祖屋，形状一圆一方，建材一土一石，楼内中央是祖先的祠堂。花萼楼为林姓南迁的五世祖援宇公修建，泰安楼是蓝姓二世祖蓝少垣兴建，他们都是祠堂祭祀的先人了。四周一重重围绕的是一辈一辈饮食起居的房间。400多年里林姓人家就生活在花萼楼里。而泰安楼蓝姓人家也在楼内繁衍生息了200多年。

梅县南口镇桥乡村的围龙屋，是梅州客家最典型的民居，房屋相连呈半椭圆形分布，大椭圆套小椭圆，一圈圈向外扩散，中间是圆弧形的过道。过道有门通往屋前地坪和半圆形的泮塘。包在中心的是家族宗祠。

这些独特又杰出的建筑形式，是客家人在这片土地上的创造。他们为了适应新的环境，为了不忘记中原文化，以空间体现着儒家的纲常伦理，表达着追宗认祖的心结，一个家族的血脉在空间上得以呈现。

第二个民系就是潮汕人。潮汕人是一个谜，我去过，也写过文章。我觉得潮汕人有一种贵族的文化。到潮州先看饮食——潮菜，菜式做得非常精巧、精细，器皿也非常精致，很多菜配有作料，一个菜有时候有两三种作料，吃得十分讲究。潮汕地区经济不算最富裕，但是它这种趣味、这种饮食的习惯是非常贵族化的。潮州人的功夫茶喝出了繁缛的茶文化。同样，其建筑也非常精致，韩公祠的瓦片那么小，瓷砖那种贴花跟刺绣是一样的，做工考究，非常精美、非常精细。

我听说有的地方农民把种田当成绣花，横平竖直，对秧苗间距到了苛求的程度。

这个民系不太跟外界交流，它是自己抱团的。他们讲一口非常难懂的潮州话，一讲潮州话，就知道是自己人。潮汕人在外像兄弟一样团结，凭一口潮州话就先自亲热了很多。外人别说进入他们的圈子，就是你到了潮汕本土，生活了很多年，你也难以融进去。在这样一个人才流动的大融合的时代，自然会影响经济社会的发展。

有一个人是融进去了的，而且不是一般的融合，还受到了潮汕人的顶礼膜拜，把他当作了神。韩愈到潮州只有短短8个月，他当时是流放到潮州来的。潮州人崇信韩愈站在江边念了一篇《祭鳄鱼文》，成为当地一害的鳄鱼就自己离开了韩江。这是神话故事。潮州人因此将这条江改称韩江。如果一个地方对文化、对文人不重视，一个流放的文人去了，是不可能把他捧得这么高的。如果韩愈的身份、遭际不能引发一种内心共鸣，他们能如此对待一个文人吗？是不是一种惺惺相惜，一种相似的经历使然呢？

奇怪的是，同是迁自中原，潮州人没有客家那么看重祖居地，也不十分清楚自己的来龙去脉。与客家人同住一条江畔，这条江上游叫梅江，住的是客家人，下游叫韩江，住的是潮汕人，他们却很少来往，彼此相忘于江湖。

谁也否认不了潮州是非常有文化的地方，它的建筑、木雕、瓷器、刺绣、功夫茶、潮乐无不证明这一点。说广东没有文化，纯粹是偏见。我觉得潮州是全中国最有文化的地方，我还觉得他们可能是贵族的后代。秦始皇灭了六国，把那些贵族流放到边远地区，是不是流放到这里来了？这都是一个谜。他们聪明，算计得也精细，自己占据了潮汕平原这么好的一个地方，好像还被谁亏待了一样。这股怨气是不是来自他们的祖先？

第三个民系是广府人，就是珠三角人。他们成了广东的代表，外省人大都以对他们的印象当作对广东的印象。广府主要是商业文化。广府人经商时间长，广州是千年商都，通商的历史有2000年了，商业文明在这个地区特别发达。商业那种讲规矩、讲诚信、务实的精神在这里孕育、成熟。他们的眼界自然也是最宽广的。中原文化还找得到明显的踪迹，如宗族、族谱、拳术。他们也慎终追远、寻根认祖，把迁徙之路翻过南岭山脉的第一站珠玑巷当成祭祖的圣地。但他们也接收外来事物的影响，像自梳女这种梳起头发终身不嫁的女人群体也出现了，这在中国历史上是不可思议的事情。因为她们的经济能够独立了，不再依附男人。

海外的文化影响了这一地区，出现了岭南画派。所谓广东音乐也主要来自这一带，有很高的成就。粤剧也产生在这里。

当然，影响最大的还是西方的现代思想，法国启蒙运动所开启的西方现代文明。它通过广府人改变了中国的命运，推翻帝制的革命就是从这里孕育并最终实现的。康有为、梁启超、孙中山就是最杰出的代表。

同样是从北方来的三大民系，却截然不同。这是怎么造成的？客家人就是喜欢生活在山区，逢山必有客，他们西迁，迁徙到粤北或者雷州半岛，迁徙到广西北海，甚至一部分迁徙到了越南，无一例外都是生活在山区。

他们的葬俗也不同。他们的祖辈死了，埋葬之后，过了两三年之后，要把他们的骸骨取出来，装在坛子里面，重新葬一次。再迁徙的话，要把亲人的骸骨背着走。客家民系是一个在路上的民系，不停地迁徙。因此而造成了客家男人一定要出远门谋生才体面的风习。女人在家独当一面。他们崇文重教，对教育的重视，没有哪个民系有他们那么看重。还有对文化的看重，对传统文化特别是儒家文化的遵循，代代相传。所以它出了很多文化名人，像画家林风眠、倡导诗界革命的黄遵宪、象征派的诗人李金发等等。

三大民系都从中原来，却都被边缘化，不被中原所看重。所以广东很多历史是被遮蔽的，是不被关注的，也没有进入历史。很多大事件被历史遗漏。广东之所以有今天挺立潮头、敢为天下先的作为，主要得益于西方文明，就是东西方文明的碰撞，是西方文化对岭南的冲击。

碰　撞

西方文化我们认识得并不够，对广东受到西方文化的影响，怎样影响、影响了什么、影响有多大，也都没有去深究。广东人不喜欢这些虚的东西。对生死这样的问题也不喜欢碰。无视生与死，文化没有终极关怀，这影响到文化的深刻与厚重。

要认识广东发生的东西方文明的碰撞，认识它对于中国的意义，我们不妨把眼光放得远一点。先看看"丝绸之路"，那是一条荒凉的、让生命感到绝望的路。它西边是祁连山，东边是蒙古高原，中间一个狭长的通道，窄的地方，像张掖那个地方，两边的山脉都看得到，眼前是那种戈壁滩、沙漠地带。之所以有人，是因为祁连山上的雪融化，雪水从漫长的山坡上冲积下来，形成河流，形成一些小的湖泊，就有人居住在那里，就形成张掖、酒泉、嘉峪关这些城市。以前东方跟西方沟通的一个路径就是这条丝绸之路，张骞通西域，就是从这个地方通的。通西域是因为一样物品：丝绸。中国人发明了丝绸，西方不知道丝绸是什么东西，它比黄金还贵。商人宁可冒生命危险，也要走过沙漠，进到塔克拉玛干沙漠的边缘，然后翻过昆仑山，五六千米的昆仑山，空气稀薄，又冰雪交加，很多人就死在了路上。但是商人逐利，这也是人类本性之一，因为高额利润，所以宁愿冒死去做。

我们说那条路是文明之路，是因为世界各地不同的人，也是不同宗教信仰的人来从事这个丝绸贸易，他们天天面对生与死的考验，这个时候他们就需要自己的宗教来给他们精神抚慰，通过宗教来获得一种超脱。所以有很多的宗教，像佛教、基督教、印度教等不同的宗教在那里出现。这才有了敦煌莫高窟的雕像和壁画。那些长途跋涉的人从塔克拉玛干沙漠那边过来，在这里看到了人烟，他觉得是神在保佑他了，然后他们供奉这些神，供养这些神职人员，于是，形成了这些石窟的艺术。艺术跟商业是密切相连的。

正是这么一条头发丝那么小的联系，西方知道了东方是一个文明古国了。那个时候西方人对东方人的想象就像今天我们想象外星人一样，中华帝国的人是不是有三只眼睛？会不会是四条腿？这也就是几百年前的事。因为一个人的出现改变了这个状况，这个人就是马可·波罗。马可·波罗的父亲也是个商人，他来中国经商。他们一行三人沿着丝绸之路到了中国，马可·波罗游历了大半个中国，写了一本书《马可·波罗游记》。这本书在西方轰动了，风行了很多年，产生的直接后果，那就是西方人的"航海地理大发现"，他们开始了一个航海冒险的时代。葡萄牙人最早开始寻找东方文明古国，它的造船技术因此也发展起来。新大陆的发现是因为航海冒险才出现的。他们的目的是要到中国来。葡萄牙人从非洲的西海岸、好望角，进入印度洋，到了印度次大陆，然后再到了中国。在中国落脚的地方就是澳门。伟大的航海地理大发现，东西方文明通过大海开始了大面积的直接的碰撞。这碰撞就发生在广东。这种碰撞激烈的程度、对广东的影响、对中国近现代史的影响到了怎样的程度难以想象。

葡萄牙人最早到的是一个叫屯门的地方。他们被明朝的军队，就是在深圳的大鹏所城的军队打跑了。这是大鹏所城建立 100 多年之后的事情。后来他们到澳门这个地方，说是衣服打湿了、货物打湿了，要找一个地方晾晒一下。葡萄牙人很好奇，他们把广东沿海的童男童女抓过去做实验，搜集我们的书籍，想搞清楚这是一个什么样的民族，是什么人种。有的带到本国去研究。

我们那个时候开始实行海禁，搞闭关锁国的政策。很有意思的是，大鹏所城这么一个闭关锁国的地方，变成了改革开放的桥头堡深圳，一个打开国门的地方。而深圳就叫鹏城，是大鹏所城的鹏。一个是闭关锁国，一个是开放的桥头堡，两个地方叠在一起，我们国家命运的转变，这种对比很有意思，历史很巧合，也很反讽。

澳门的国门大概是 1573 年建起来的，这时是器物上的交流、贸易，我们这边是丝绸、陶瓷和茶叶，在国门的那边是羊毛制品、大红布料、水晶、玻璃制品、英国时钟、古玩、艺术品、香料、药材、葡萄酒、棉花、火器。从这些东西你可以看出不同的文明，看出它们的差异非常大，也可以看到西方的科技已经走在我们前面了。

跟着来的就是耶稣会的传教士。传教士到了澳门过不了关。这些传教士把宗教信仰看得比他们的生命还重要，他们过不了关，就在那里不走，就在那里办学校、学中文。其中有一个叫范礼安的主教，他在大门前非常绝望地喊："磐石啊！你什么时候打开？"他要把西方的宗教传布到中国来。

中国为传教士打开大门，第一个进来的是利玛窦。利玛窦这个人是影响中国的西方第一人。他进来后先去了肇庆，在那里修建了教堂。因为那个时候两广总督府在肇庆。他带来了时钟、棱镜、星盘、浑仪、世界地图、竖琴、天体和地球仪。很多东西他打算送给中国的皇帝，但为了见皇帝而行贿，大都送给了各级官员。别小看这个地球仪，西方已经知道地球是一个球体，而我们对世界的了解是"我们是中央帝国，天方地圆，我们在中央，边上都是蕞尔小国"。

传教士开始进来了。传教士跟儒家文化发生了碰撞，这是东西方文明的第一次碰撞。当时的朝野陷入了巨大的纷争。

接着西方的器物也进来了。1621年，明朝跟鞑靼人打仗，鞑靼人已经进入我们的辽河流域，这个时候有一个耶稣会士叫"公沙的西劳"的，他就以澳门的名义给当时的皇帝朱由校三门大炮。大炮1621年在我们中国大地上出现了，这个大炮威力很大，把鞑靼人打得四处奔逃。后来，这个公沙的西劳建议皇帝征召400人的长枪手分遣队，去帮助打仗。皇帝很高兴。这个由一半欧洲人、一半澳门人组成的非常训练有素的长枪队，从澳门出发，经广州，一直走到南昌。广州的商人紧张了，他们说：这个枪那么厉害，要是帮皇帝打胜仗，那这个商业特权就要给葡萄牙人了。他们经商怎么办？广州商人就行贿官员，造谣、诽谤，然后皇帝就发了一道指令，让他们原地返回。长枪队到南昌又折回来了。

西方人纷纷来华，我们中国人去西方没有？最早记录出现在欧洲的中国人是在1540年，这个人应该是葡萄牙人在中国东南沿海袭击的时候俘虏过去的，是作为奴隶过去的，但这个奴隶不错，他很快学会了葡语，充当了翻译，所以他能够留下这个记录。

第二个有记录的到葡萄牙的人，时间到了1755年，他才到里斯本，比葡萄牙人到中国晚了200年。

等到我们中国人大规模去西方的时候，我们国家的悲剧已经来临了。

西方已经进入工业化初期。因为缺少劳工，他们在非洲把黑人抓来当奴隶，并进行黑奴买卖。后来西方有识之士觉得这个太不人道，太残忍了。1851年维也纳会议废除了黑奴买卖。但是劳力缺口始终还在那里，谁来弥补？就是我们的华工。沿海的华人被"卖猪仔"、被骗，各种原因，大量移民去了海外。澳门开始从事移民工作就是 1851 年。

华工比黑奴还悲惨。黑奴是私有财产，奴隶主还要延长他的寿命，好给他干活，死了就损失了一个劳力。他要维持黑奴的基本生存，还要身体健康。华工就不用了，华工就是劳工，雇主剥削你、压榨你，干最苦最累的活，死了就死了。有个记录，4000 多华工在一个地方开矿，三年之后死得只剩下 100 多人。自杀的、累死的、掉到粪坑里面死的，太悲惨了！

我经常去江门，那里海外的华侨比江门本地人还多，江门是五邑侨乡。现在江门建了一个华侨博物馆。这一段历史，主角是广东人。

但是，事情总是分两面，澳门对中国的影响不只是这些悲惨的事情，还有文化政治上对中国的巨大影响，这是它的价值所在。

在文化方面，葡萄牙有个诗人叫贾梅士，这个诗人在葡萄牙就像中国的诗人李白一样。这是一个很有意思的人，是一个像李白一样放荡不羁的人。葡萄牙国王约翰三世很欣赏他，给他自由出入宫廷的特权，他很傲慢，而且还调戏宫女，早有人看不惯了就到国王那里告发了他。国王一怒就把他流放了。他参加了北非的战争，把一只眼睛打瞎了。后来又流放到印度，他讥讽印度总督，总督又把他驱逐出印度。当时的印度已经变为殖民地了。他参加远征中国的舰队，又遭遇海盗，打了一仗。就这样他来到了澳门。他来到澳门就把达·伽马当年航海地理大发现的壮举写成了长诗《葡国魂》，8800 多行。它成为葡萄牙文学最了不起、最伟大的作品。他是在澳门一个山洞里面写的。他在澳门什么事也干不了，做了"死亡验证官"，谁死了，他去看一看，验证一下死没死。

随后，葡萄牙很多诗人像庇山耶，还有英国伟大的诗人奥登都来到了这个地方。

中国去澳门的文化名人有屈大均，他是广东诗人。他去澳门是因为改朝换代，他这个人很有气节，不愿意降清，自己就跑到澳门去了。还有丘逢甲，他在国难当头的时候去了澳门。还有释成鹫、张穆、魏源、艾青。魏源去澳门是受林则徐所托去的，他到澳门考察，看到了西方的科技、文化、思想、体制这些根本性的东西。

那时候鸦片战争刚发生不久，中国已经到了很危急的时刻。他编著了一本书《海国图志》。他提出了变法更新，最早提出了"师夷之长技以制夷"。学习西方制造舰船、枪炮，养兵训练……很多很多的思想都是他提出来的。如果那个时候他能受到重视，中国后面悲惨的历史就不会上演。但是中国人对这本书没有太看重，看重的是日本人。那时候日本比中国还落后。日本人的一套行政体制、官僚体制，还有他们的思想、伦理都是从唐朝移植过去的，基本上是照搬。魏源这本书到了日本，变成了日本"明治维新"的思想库，日本人开始了明治维新。明治维新成功之后，日本开始走向现代国家行列，迅速强大。

澳门出的第二本书，对中国产生了巨大影响，但似乎有些晚了。这个作者是郑观应。郑观应是中山人，现在属珠海。他写了一本《盛世危言》。他提出"主以中学，辅以西学"，认为"欲强国势"必须改变专制、设立议院、广开学校、培养人才。抵御外侮，变法自强。"莫如振兴商业"。这本书囊括了政治、经济、军事、外交、文化各个方面的改革方略。

书出版后，朝野震动，影响很广。光绪皇帝在1895年看到这本书，他下旨印了2000册，发给满朝的文武大臣。它直接影响了变法维新的思想。变法维新打冲锋的是广东人康有为、梁启超。孙中山也受到这本书的影响，郑观应写书的时候，孙中山跑到他家里来了，孙中山写过一篇叫《农功》的文章，郑观应把它收到了《盛世危言》里。

它还影响了一个改变中国历史的人，那就是毛泽东。毛泽东是在韶山看到这本书的，他那时还是一个少年。他后来在延安和记者埃德加·斯诺说：他把这本书看得封面都破损了，忧国忧民的思想开始萌芽。就是这本书让他违背了父命，走向外面的世界，寻求人生和救国的真理。

还有，我们中国的第一所西式大学、第一所西式医院、第一所西式印刷厂、第一份外文报纸，还有《新约全书》《华英字典》，这些都是在澳门出现的，影响到中国。澳门就是一个西方文化的桥头堡，东西方文明碰撞就在这里发生。这里发生了许许多多的事，影响到了中国。

广东的三大民系其实是一帮战争难民，弱势群体。他们当年躲避战火，千里迢迢从中原迁到这里来，其心态可想而知，那就是求得平安，求得一个和平生活的环境。他们躲到深山老林，躲到海边。身处"南蛮"之地，他们想都不去想北方的事情，那些问鼎中原、逐鹿中原的人，一是中原人，另外一个是北方马背上的民族，他们时时都想杀到中原来。因为北方那种荒漠之地、苦寒之地，他们的生存条件非常恶劣，而中原是一个富贵之乡、温柔之乡，生活的富足、奢侈足以让他们羡慕妒忌妒恨。所以他们一次又一次挥着长刀，骑在马背上杀向中原。

岭南移民鲜有问政的，鲜有人说"彼可取而代之"。那种豪气，那种要到中原去夺皇位的志向，在太平天国之前闻所未闻，他们都是一帮顺民。但中国近代历史就在这帮顺民、难民身上发生了。原因就是东西方文明大碰撞。

2011年辛亥革命100周年，有杂志约我写一篇广东纪念辛亥革命的文章。立秋的那天，我抓起相机，中午顶着烈日就出门了。我那天去黄花岗烈士陵园。到了黄花岗烈士陵园，我感到非常惭愧，甚至是震撼，我觉得作为广东人我是不合格的，我来广东20年了，居然那么无知。我看到了烈士墓有一个纪功坊，它的最高处有一个雕像——"自由女神像"。我觉得很奇怪，这个地方怎么会有自由女神像？

自由女神像是法国人送给美国人的礼物。西方现代文明肇始于法国的"启蒙运动"，自由女神像传递的是启蒙思想，它最精髓的东西是自由、民主、平等这些观念和思想。在黄花岗起义烈士墓地上怎么会出现这个女神像？是不是后来加上去的？其实，它在烈士墓建好不久就有了，只比美国的自由女神像晚了33年。纪功坊的柱子是罗马式的，墓碑是埃及的方尖碑式样，非常具有国际元素。这一切90多年前就竖立在这里了。现在搞房地产开发还在玩这些元素。这个自由女神我最早在法国著名画家德洛克拉瓦的名画《自由指引着人民》中就看到过。《自由指引着人民》画的是攻占巴士底狱，就是法国革命。自由女神举着红旗冲在前面，后面是荷枪实弹的起义者。画作反映了世界历史大事件。女神像在中国出现，这绝非偶然。

后来我了解，烈士们追求的正是法国启蒙运动的思想，是民治、公民权、平等、国有化、代议制、公民素质。这些词都是陌生词汇，在中国从来没有出现过，这些概念也是中国人所陌生的。

这些烈士为什么有这样的思想和境界，因为他们大部分是华侨子弟，受西方的思想影响。这些华侨子弟、留学生最早接受了西方现代思想。那时候中国绵延了几千年的封建帝制，皇帝就是天，谁反皇帝，老百姓觉得这个人是大逆不道，要灭九族。鲁迅写过一篇叫《药》的短篇小说，其中有一个吃人血馒头的情节，那血就是革命党人的鲜血，说它能治病，吃了人血馒头就能够治他的哮喘病了。这多可悲！而这些烈士他们要在这样民智未开的国家搞一场启蒙运动。

我在七十二烈士墓碑仔细读着烈士名字，名字分成六排，一排12个人，有籍贯，我一看，广东人有41个，福建人有19个。这两个省都靠着大海，都是海外华侨多，所以这也佐证了上面说的。我又去查起义的人，的确都是华侨子弟和留学生。他们思想的火种都是来自西方。我们国家这种封建体制、这种民众麻木不仁的现状，注定了这帮人所做的这些事情是不可能成功的。但是，最可贵的是他们明知不可为而为之的精神，这种不顾性命的献身精神，动天地，泣鬼神。

黄花岗起义不是我们平常说的那种起义，就是推翻帝制或者革命、流血这么简单。他们其实是一帮知识分子。知识分子想启蒙，但是启蒙不了，他们只好用自己的性命、用自己的鲜血来唤醒民众，以自己的死来传播这些思想。所以这个自由女神像立在他们的墓前是最好的注解、最好的纪念。他们是我们民族的精英，都是栋梁之材，但是他们却像无名小卒一样死掉。

排在第一的人叫方声洞，福建人。方声洞到日本留学，日本明治维新之后已经进入现代国家行业，东方国家日本最先成功，所以中国人到日本去学习日本的经验。当时到日本去的华侨、留学生有8000多人。方声洞的姐姐去了，他的嫂子也去了，他们一家都投身革命。方声洞刚刚新婚不久，广州起义不让他去，他后来找到运送炸药的差事偷偷跑过来了。他的姐姐又劝他不要去，姐姐已经在前方了。但方声洞一定要去。他牺牲的时候才25岁。他的同乡林觉民，20岁东渡日本留学，他谙熟日语，懂英语、德语，可以从容地出入国际舞台。林觉民起义前写下了有名的遗书《与妻书》。

历史学家唐德刚写过一本书《晚清七十年》。他写到辛亥革命的时候，觉得有两个人不应该忘记，一个是喻培伦，一个是杨衢云，杨衢云比孙中山更早提出推翻清朝，创立合众政府。他是最早的一个启蒙者，也是一个觉醒者。喻培伦这个人是一个天才式的人物。史上有荆轲刺秦王，荆轲是最有名的刺客，"风萧萧兮易水寒，壮士一去兮不复返"。这种英雄气概一直让后人感受到壮怀激烈的情怀。喻培伦比荆轲不知胜过多少倍，他是三次赴死，三次壮怀激烈，但求一死。

喻培伦是四川内江人，他去日本的时候怀着"深念非科学不能救国，可以兴工致富"。他到日本刻苦学习，然后到大阪、东京、神户去考察洋瓷、火柴、洋烛、制糖工艺。他还提出了自己兴办实业的计划，就是办洋瓷工厂、机器缫丝厂、火柴厂、机制糖厂。但是清皇朝的腐败无可救药，他根本没有办法用实业来救国。要救国，前提是这个清朝封建统治、这个帝王一定要推翻。他绝望了，就像变了一个人。他原来是花花公子，从此之后他就"便舍豪华而尚质朴，与前判若两人"。

喻培伦秉性聪明，什么技艺一学就会，比如钟表拆装自如。同盟会总部交给他制炸药，以前的炸药是银制法，又贵又危险，他在实验的时候，把自己的三个指头都炸飞了。他就下决心研制安全炸药。这个时候，他家里已经破产了。为了实验，他把衣服还有官费券全部都当了，他造了一种威力强大又安全的新型烈性炸药，而且研制成功了化学发电、电发火，钟表定时发火引爆炸弹的方法，他的方法被称作"喻氏法"。

他们是国家的栋梁之才，在和平时期都是可为国家做很多大事的人，但是他们不得不逞匹夫之勇。这些我们国家、民族的优秀儿女就这么死去，非常让人痛心！

他第一次刺杀对象是北洋大臣端方。端方非常狡猾，他说从汉口走，结果调回头又从上海坐船走了，他们在汉口扑空了。第二次是和汪精卫刺杀更大的目标——摄政王载沣。这次刺杀行动震动了全国，汪精卫便是那时出名的。他们那天晚上在地安门摄政王经过的小桥底下去装炸药，附近有居民半夜起来小便，看到人影恍恍惚惚，就喊了起来。白天一查，发现有两个铁罐在那个地方，沿着引线一查发现是一个炸弹。然后汪精卫被抓了，喻培伦没有被抓住。他非常痛苦，仰天长叹。

广州起义时，喻培伦背了300个炸弹过来。但是起义临时有变故，取消了。这时候，喻培伦说你们都走我不走。黄兴、赵伯先看他视死如归，心痛了，说你这样的人死不起，应该留备党国非常之用，他们劝他不必身临险境。喻培伦是这么说的："储才以备用，今日非有用时耶？且党人孰非有用之才，倘须人人留为后用，谁与谋今日之事？自顾屠残之躯，实不逮诸同志远甚，为革命须流血者，尚可为前驱耳！"他就是这样一心赴死，因为他而影响了大家，很多人留下来参加起义。120个人基本是知识分子的方阵，就这么起义了，喻培伦是背了300个炸弹一路扔下去，直到把300个炸弹扔完。然后他受伤了，被抓了，被杀的时候他才25岁。

中国历史有改朝换代，有被周边的民族征服的，而国家危机、国家政权更替都没有哪个像清末，不但国家危机，文化也空前危机，连人种生存都成了危机。这种危机底下，志士仁人、英雄豪杰在这个时代成批地出现，他们既多又慷慨悲壮，为国赴死，竟然接连上演。这个时代成了一个英雄照亮民族史册的年代，一个精神不朽的年代！我们注意接踵而至的国难时，注意那个时代的无能与落伍时，往往忽视了那时的人，那个时代的知识分子，他们其实是中国历史上最有气节最有抱负的一群人。

林觉民写《与妻书》的时候，起义烈士们都在香港临起义之前写下了血书，他们都是为了国家，他们不是说大话、作秀而是去死，是跟家人交代后事。国家的道义更重要，儿女情长放在次要地位。这是一种什么境界？年少时读范仲淹《岳阳楼记》中的"先天下之忧而忧，后天下之乐而乐"，总觉得这样的情操似有标榜之嫌。方声洞、林觉民这些活生生的人，哪个不是以天下为己任？他们很少考虑个人。"天下为公"，是一个时代的追求。一个只知逐利的时代也许无法理解这样的胸怀。

他们提出的思想，提出的理想，现在还不过时，还是我们追求的目标，还有很多我们到今天也没有实现。100多年过去了，我们国家的前途命运怎样走向民主富强，怎样建立一个现代国家，辛亥革命仍有很强的现实意义。

东西方文明碰撞开始之后，广东就有了太平天国、辛亥革命、二次革命、护国运动、北伐战争，这些战争都是从南方开始的，北方的任何革命都不可比，它是把几千年的封建王朝的帝制推翻，让一个国家以崭新的体制、崭新的面貌在东方屹立起来，这是几千年中国历史上没有过的事情，这种事情的肇始者是广东人。

广东是发生大历史的地方，但是我们没有像样的历史书，更没有像样的文学作品，这是对不起这块土地的。我们这块土地对文化、对文化人也太忽略了。

生命的奔赴

广府人的南方

    脑海里跳出"南蛮"一词，自觉有些荒唐。眼前的景象毫无"荒蛮"，反倒是繁华得喧嚣，灯红酒绿得纷纭。十几年的时间，佛山、东莞、中山已经用水泥的楼房、水泥的道路与广州连接成一体。不容眼睛瞧见一片田野。而我，眼睛从这剧烈梦幻的变化中看出一丝荒凉——一座城池，一个年代，无论它怎样辉煌，转眼之间，遗迹就可以覆盖所有的显赫——这不过是大地上许多遗迹诉说过的辉煌。

    "南蛮"这个词汇所代表的含义并不遥远，100多年前它仍然刺痛着人心。中原人对于南方的蔑视，正如今天的岭南人把他们地域之外的人都称为"北方人"一样，普遍的偏见从来不曾缺席，它乃人性之一种。

    面对高楼大厦，遥想荒蛮似乎可以得到一种心理释放。它现出变幻的现实暗含的一种力量，让繁华呈现只在瞬息之间！让荒凉呈现，更如人之转念。这种沧海桑田的力量，让曾经桑田鱼塘的珠江三角洲转眼间变成了车流滚滚的街市。古老村庄在湮没，荒山野岭美容美发一样遭遇改造，全球化浪潮席卷时空。历史的痕迹潮水般退去……

    置身岭南，城市群中川流不息的人，像一夜之间涌现。尽管着装上他们趋于一种流行，然而，口音泄露了他们作为北方人的身份。他们是来自北方的移民。在粤语通行的珠江三角洲地区，新移民带着的语言就像无法交换的货币，而一颗离乡的心，在体会飘萍的孤寂。他们奔忙，不同的乡音被强力改造后仍顽强地在各个角落响起。

岭南土地之上，承载新世纪的一个梦境，穿梭其中，感觉洁净、喧哗、速度、刷新……

而一种古老，一种与南蛮时代相联系的声音——客家话、潮汕话、粤语，于天南地北的乡音里独自灿烂，它们在嘈杂的超市、街道、车站成为一道景观，让陌生的外来者不得不伸直了舌尖，发出一两声"鸟语"，发音标准者无不为自己拥有这通行的"货币"而兴奋、而虚荣。而舌根顽固者感受到的是独在他乡为异客的滋味。在这岭南的"鸟语"声中，我感受到了它与历史的联系——三种方言都带着古老中原人的发音，声音证实曾经的荒凉并非虚幻。

在城市化与土语间寻觅历史发展的玄机，不会让人浮云遮望眼。从客家话、潮汕话、粤语可以发现岭南的三大土著民系客家人、潮汕人、广府人的来龙去脉。多少年前，他们的祖先如今天的移民一样翻越了南岭山脉，进入这片荒凉的未被开化的土地。那时的荒凉，实在是更葱郁而沛然的自然景观：南方密布的河流，一片片原始丛林的苍翠与繁茂，散发自然最粗犷狂放的诗意。无人记得，潮汕人是如何最早发现粤东平原，客家人是怎样迁徙到了梅州山区，广府人为何选择了珠江三角洲。壮阔而悲伤的迁徙史，没有有心人，像智者观察并记述历史。甚至边远地区弱小民族的祭师，尽管他们没有文字，但依靠原始宗教，依靠一代代人的吟唱，也能传承自己的历史。南方的历史却走成了一片荒漠，岁月的江河奔腾而去，只泻下一地泥沙。多少苦难被这样的泥沙埋葬，多少挣扎过的生命听不到一丝喘息，吟唱的歌谣不能传世，哀伤的文字不复重现。因为迁徙者是弱者的迁徙，是灾祸的迁徙。

今天的移民，意义已大不同前，他们南下为了寻求自己的发展，为圆个人的梦想。广府人像被激流冲散的沙土，在新的汹涌而来的移民潮中散于一地。我在寻觅过客家、潮汕人的迁徙之后，再看广府人迁徙的历史背影，却无寻觅处。人在新的崛起的城市群中，他们似一盘散沙，无从描绘。

中华民族聚族而居的传统在岭南并没丢失。一本本发黄的族谱并没丢失。历史的根系在这薄薄的纸页间悄悄潜伏下来，那些怀念祖先的人暗中藏匿起自己生

命的来路。当寻根的情结波动了灵魂，人们循着自己的来路开始了历史的追溯。

越是发展迅猛的地方越是要寻根，越是现代化人们越要回到古典。这是心灵的需要，是灵魂的渴望。十几年前，在南岭山脉一个小小集镇，1700多人聚集到了这里，他们自16个国家而来。小镇名不见经传，但它在珠江三角洲几乎所有氏族的族谱上出现。他们的祖先都在这个小镇落脚。那是他们一个共同的祖居地。这个小镇名叫珠玑巷，多少个世纪，一代又一代人在自己的族谱上默默地书写着它。这个位于南雄的小巷可以把广府人归结到一起。

在汹涌的人潮中，一个被淹没的民系，从大都市抽身而出，回到自己的祖居地，以求认清自己的面目，以求与众不同。历史并没有成为过去，它像血液融入，在每个人身上遗传。

珠玑巷，如今已不是繁华

街市，它像乡村集镇一样平凡、破旧，但却散发着家的气息。平凡破旧却隐含不同凡俗的气质，闲散、悠远、宁静，像隐秘的大家闺秀。狭窄的街道，在夕阳的余晖里，金光点点闪烁于檐顶墙角，万物在暧昧的辉映里都在生出人生的幻觉。

北面梅岭拱于檐脊，浓霭一样的山色似迫人的乡愁，不待仰望，已摄心魄。

穿过胡氏、周氏、陈氏……一家家的祖屋，古巷开枝散叶的能力惊撼人心，珠江三角洲如此庞大的人口从这一个村庄发端！？生命繁殖之迅猛令人讶异。这个依靠北运铜币、食盐而兴起的驿道小镇，从前，三里长的街道，两旁列肆如栉，茶楼酒肆、客栈饭馆达两三百家。宋代黑色鹅卵石铺筑的路面竟如新砌，一路攀向梅岭，千年叠印下来的足迹，可以感受逃难者惶惶的脚步。

这是梅岭长坡结束的地方，下山一天的行程，走到这里天就黑了，或许翻过大庾岭觉得安全了，已经很累了，要寻找住的地方；或许觉得这道南岭山脉过后，从此关山阻隔，再往前走，将彻底告别故土，他们要回望一下自己的来路，适应一下这块陌生的土地。那是生命最苍茫的时分。失神的眼睛，茫然的目光，不安的询问，嘈杂的脚步，交织于黄昏。

珠玑巷正如客家人的石壁，他们的祖先也在这个南岭山脉的东面、武夷山的南端进入福建，并停留下来。也许这些是苦难中移民的共同心结。他们在同一个地方停下脚板，彼此交流信息，彼此取暖，忐忑中寻找自己的同路人……

岭南是遥远荒僻的。迁徙者并非一开始就直奔岭南，只有那些官宦人家，为躲避灭顶之灾，才远走岭南，他们是最早到达这片土地的人。刁斗小民，则一程一程朝着南方迁徙，他们走过黄河以南、长江以南的州县，走过一个一个朝代，一代代人之后，才从江西靠近这个南方的最后屏障。迁徙好像是他们前仆后继的事业，大灾难在他们身后紧跟着，如同寒流。

唐开元四年，张九龄凿通了一条南北水路大通道，它就是梅关古道。梅关古道以陆路连接了南岭分隔的两大水系，它是最早的京广线——沿运河、长江、赣江而来的北客，从这关隘进入珠江水系的北江。天下太平，岭南的铜币、盐从这里北运，驮兽挑夫、骑马乘轿的旅人络绎于途。天下纷乱，它就成了一条难民通道。

而常被忽视的是，它更是一条北方军队的通道，穿厚重铁甲的北方兵士，翻越南岭山脉，铁蹄一次又一次跨过梅关。秦朝的军队第一次翻过梅岭，统一了南越。汉朝的军队从梅岭踏过，将南越王国再次降服。北方的皇帝来到岭南，是因为他们把自己的江山弄丢了，宋朝的皇帝、明朝的皇太子都像难民一样南逃，直逃到国土最南端的海边。追赶而来的蒙古人、满人都带着北方的冷兵器和异族的口音，呼着，喊着，眼睛里裸露着对于遍野绿色的惊奇，从梅关道踏了过来，剑指岭南。剿灭宋朝皇帝的战争打到了海上，20多万将士血染新会崖门，丞相背着少帝，悲壮地跳入了大海⋯⋯

梅岭之南，田地错落起伏，阡陌纵横，极富韵致，跳跃的丘陵上是松树、樟树和凤尾竹的青黛和碧绿。村庄散落，炊烟几处。这烟火曾点亮过明、清两朝移民的晨昏。岁月在迷蒙中漫漶。之前栖居在这块土地上的人，已经在这炊烟中南迁了。迁徙高峰时，北宋中后期至元代初200年间，从珠玑巷规模较大的南迁就有130多次，南迁者130姓、197族。

梅关，如水的阳光濯亮满目的荒草，徘徊的游客，三三两两，踏不倒强劲的草丛。秋风从关口吹来，摇动漫山树木。放眼南望，山脉在目光所及处变作一抹浓烈的幽蓝。幽蓝上的云雾，缭绕着最南边的陌生的江。

我站在山顶远眺，遥想，可曾有一双审美的眼光诗意地注视过南方？多少人踏过了梅关，却没有留下来一首关于梅关的诗，让我今日吟哦。那些恓惶的目光里，山河尽是凄风苦雨。大河浩荡，流经大陆架，直汇入海洋，那只是烟波浩瀚的乡愁，还有比乡愁更浩荡的心绪。多少苍茫的心绪随人流渗透到了南方的土地。珠江，多少年后人们才知道它的名字。

珠江流入三角洲，不再是一条江，它大的入海口有8个，小的更多。到处是水，浩浩荡荡。山陪着水向南流，眼看着南海在望了，它也不愿走到大陆架的尽头，犹犹豫豫，在广阔的平原上，偶有一些小山头，像山脉抛出的省略号。视野突然辽阔无垠，疯长的草木绿得张狂肆意，抛掉了季节的束缚，它们不再枯荣变化。这景象超出了人们的想象。南蛮名下，人们可以想象它的溽热、潮湿，想象它的病毒、蛇豖、瘴气，但没有人想象这里不再有四季。来自北方的寒流被南岭山

脉阻挡，冬天不再降临岭南大地。

一批批南迁者，一批批向着南方烟瘴之地逃亡的人，最后在这里落地生根，充满着自然情趣与勃然生机的南方生活，在山水间自自然然以合符人性的方式展开。强者似乎永远是北方，他们一次次问鼎中原，要建立起自己君臣父子的秩序。而南方永远是弱者的避难所，从没有向北方发过难，只是沉迷于自己鬼魅的幻想。他们带着灾难的记忆，带着满腔的委屈，一旦进入南方的烟瘴之地，便变得悄无声息。是因为湿润的气候、疯长的植被、连绵的群山、大海上的贸易，还是南方散漫自由隐蔽的生活，让他们迅速遗忘了从前，失去了仇恨之心、觊觎之心？

广府人、客家人、潮汕人在岭南渐渐形成自己的民系，他们愈来愈鲜明地区分开来。客家人有强烈的根在中原的意识，他们了解北方，从不以贬义的口吻称呼外来者为"北方人"；广府人却变得淡漠，他们渐渐失去了对北方的兴趣，在越来越发达的今天，拥有了越来越强烈的优越感。同是南迁广东，地域不同，语言不同了，彼此再也无法沟通。客家人、潮汕人凭借一句相通的语言，就可认作乡党，倾力相助。广府人语言只是交流的工具，不具有族群相认的符码功能。他们建立起一条海上丝绸之路，最早踏入商业。珠江三角洲的商业文化，珠江三角洲

河流纵横之阻隔，珠江三角洲的富足，彼此不相依赖，独立的过程，也许伴随了人与人的疏离。遇到欺压，客家人会奋起反抗，广府人想到的也许只是改良。他们是重实际的族群。而这片土地的土著古越人，却在人种的大融合中消失得无影无踪。

岁月某个幽暗的深处，什么神秘的东西像河流一样让来自中原的人开始分道？

河流之上的文明，韩江、梅江、东江、西江、北江、潭江……这些岭南大地上流淌的江河，孕育出了千差万别的文化。

大陆架的文明在向着南方偏移，从黄河文明，到长江文明，再到珠江文明，依时间的序列孕育、崛起。

珠江文明，是因为那个懦弱的宋朝的南渡？是因为中原人向着南方迁徙的脚步一点点的累积？是因为西方的坚船利炮轰开的那个血腥日子？文明寻找到了新生的土壤——面向海洋的商业文明。一条海上丝绸之路不被朝廷的奏章提及，不被皇帝的目光关注，不被大臣们的朝议所言，但却在南方历史悠久而生动地展开。

因为海洋，岭南与世界现代史靠拢了，西方的航海地理大发现，澳门第一个进入世界视野。东西方的交流从这个半岛登陆。

一场鸦片战争，中国现代史的序幕在南方揭开。20世纪初，南方终于不满了，愤怒了，向北方的皇帝发出了最有力的挑战，岭南成了革命的策源地。南方要推翻的是中国几千年的君主专制统治，走向民主共和。一场亘古未有的北伐，从南海之滨出发，扛着长枪火炮的南方军队，第一次从南向北翻过了南岭，枪口指向京都。

广府人洪秀全、康有为、梁启超、孙中山在珠江三角洲出现，成为朝廷最害怕、最痛恨的人。

历史，不能再遗忘南方了。历史的偏见终结于皇帝的消亡。"南蛮"走进历史的辞典。

南方迎来了新的世纪。珠江三角洲，厂房林立，万商来朝。北方新移民乘着钢铁的火车、飞机，从南岭山脉的地下、天空而来，在春节，又形成人潮北涌的奇观。他们不再是苦难的化身，不再是中原的失败者，不再是历史灾难的牺牲品，而是一个追求改变自身、寻求出路的人群。

岭南，中国移民最多的地方，一个又一个城市崛起的地方，一个各种语言交汇的地方，如今，它时时刻刻与一个国家的各个地方气息相通、人脉相连。每个族群有着自己清晰的来路，彼此却交融一体。

在琳琅满目的物质里，在时装包裹的身体里，体验着南方的富裕，一种优游的心态，偶尔怀想一下南方的荒凉——被历史广为鄙薄、宣扬，被祖先们集体想象了数千年的荒凉，那已是想象中的风景，是围城中的人心灵渴盼的一种自然生态。

"荒凉"变作了魔法师的伎俩，瞬息之间消失，仿佛它只是一个时间的概念而非地理的概念。

水上来的祖先

一座日新月异的城市，穿过它，我去寻找一个破旧的快被城市吞没的古村落。情形就像去寻找世界之外的东西，被谁遗漏了的东西。

新世纪，新与旧不再较量，输赢早已天定。新桃换旧符是这个时代的风尚与铁律。

江门的街道，鲜见旧街，在高入云天的钢筋混凝土世界，我不能想象古老的概念如何存在。

混凝土包围的公园，水边的一丛三角梅，红艳得像一声呐喊。它从车窗一闪而过时，让人醒悟春天的到来。

阳光是被花簇唤醒的，它在郊外的树木和菜地上呈现春天的鹅黄嫩绿，呈现季节的变迁，天地间的节律隐然间被人领悟。

几年来，一直想寻觅珠玑巷人南迁的落脚地，了解他们从迁徙的那一天起，生命的传承、延续直到今天，经历了怎样的历程。尽管珠江三角洲广府人迁自珠玑巷，但要达成这样的愿望却不容易。古老村庄从大地消失，田野上的人群走向了城市，钢筋混凝土在伸向每一个角落。历史从没如此风云巨变。旧的物事因此令人无限渴慕。

良溪激起我的欲望，它从珠玑巷迁来，一住就是 800 年。生命的来路在岁月中呈现出河流一样明晰的流向。历史并非只是虚幻，它在现实中留存了自己的体温。

南岭山脉下的珠玑巷，一个广府人祖先的来路之地，中原人南迁，曾在那里落脚、居住。又陆续从那里启程，继续他们的大迁徙。一个崇拜祖先的民族，珠玑巷几乎成为祭祀圣地。

良溪与珠玑巷的关系是从一天清晨开始的。

那天清晨，浈江沙水江面，薄雾笼罩。岸上一道道缆绳被一双双有力的大手迅疾解开，成片的竹排在流水冲击下，一条一条离岸，在江水的托举下，向着下游漂去。竹排上的人抬头朝岸上悄悄望了一望，只有几个早起送行的人在沙滩上向他们抱拳、挥手。这天是正月十六，元宵节的烟花爆竹刚刚响过。

这一天离现在 876 年。

南雄珠玑巷 97 户人家的迁徙，穿过了这 876 年，子孙后代保留下来的迁徙记录，把那个时刻的情景呈现在眼前。岁月在某个瞬间有接通的感觉。

族谱上的祖先从珠玑巷动身。他们抵达，我抵达。良溪村同样的抵达，却有霄壤之别。他们抵达留下生命的血脉，留住时间，我抵达只留下匆匆一瞥的目光和风一样飘过的时间。

竹排在随水漂行，大地向着南方倾斜，河水浩浩荡荡朝南奔流，从浈江到北江，随大地起伏急缓有致。云朵在南方暖流的吹拂下向北缓缓飘移。高大的乔木遮天蔽日。猿啼两岸。

在河流就是道路的年代，人们敬畏河流，依赖河流，河流是连接远方与想象最有效的方式。结竹为筏的人，以河流的走向为迁徙的方向。一条河流把他们带到了陌生的良溪。

在抛弃河流的时代，轻轻一点油门，我驾驶汽车从桥上飞过河床。在现代，河流是人走向远方的障碍，是现代人生活的下水道。

江面，突然而起的飓风，掀起惊涛骇浪，刚才还是晴朗的天气，转眼就是另一重天。正在行走的竹排，在风浪里挣扎、撕扯，有的被浪打散了，人落入江中。惊叫声、哭喊声一片。有人慌忙抱着竹竿，有人双手在浪中徒劳地挣扎，不识水性的渐渐沉入江底……悲剧在 97 户人家中发生。

岸上不见人家，目击悲剧的只有一个孩子。逃上岸的人慌忙问他，为何狂风大作。小孩说，附近葬有一个忠勇将军，时时显灵。于是，人们纷纷去土庙拜祭。

南方河流之凶险，雨季滚滚洪流，波涌天际。崇山峻岭间，突然汇入的河水，水流相互激荡，形成乱流。一天半夜，星月如钩，迁徙者到达连州江口，潦水凶猛，竹排再次冲散……

1000余号人马，男男女女，老老少少，在河床裸露的阳光里走走停停，越来越黧黑的脸庞，写满了焦虑、欣喜、忧愁、疲惫。他们吃自己带的糍粑、炒米饼，上岸架锅烧一点水，直到一天，盘缠耗尽，老人气喘吁吁、目光空茫……

3月16日，两个月过去，季节已从穿棉袄的严寒，到了着单衣的热天。路上的炎热，像向着火炉靠近。冈州到了。这才是真正的南方！清明时节就热得人流汗。绿油油的植被铺天盖地而来，而冬天则是另一个世界的事情，这片土地从没有过冬季，永远是夏的葱郁，永远大地花红柳绿。风从南方遥远的大海上吹来，湿热、清新，让人疲惫的心身精神变得爽朗。

有文字记载：宋绍兴元年，南雄珠玑巷97户人家结伴南迁。他们在一起商议，南方烟瘴之地，地广人稀，田野宽平，没有恶人。97户人家寻觅一处地方，开辟基址，可以朝夕相处，共结婚姻。他们推举一个南雄府学廪生、授世袭锦衣卫之职的人作为他们的首领。这个人叫罗贵，他的远祖由河南详符县迁入广东南雄保昌县牛田坊沙水村珠玑里。他们盟誓："今日之行，非贵公之力，无以逃生，吾等何修而至哉？今日之德，如戴天日，后见公子孙，如瞻日月。97人即相誓曰：吾等五十八村，居民亿万之众，而予等独籍公之恩，得赖逃生，何以为报？异日倘获公之得，得沃壤之土地，分居安插之后，各姓子孙富贫不一，富者建祠奉祀，贫者同堂共飨，各沾贵公之泽，万代永不相忘也，世世相好，无相害也……"

迁徙一有开始就以誓约感恩戴德。那年南岭山脉下的珠玑巷一定遇到了大麻烦。而这个叫罗贵的人，一个还未入仕的贡生，危难关头，仗义扶危，挺身而出，在大灾难来临之前，带着他们往南方的三角洲迁徙，那里是他们唯一可以憧憬的地方。

是什么大麻烦？灾难似乎来自一个浪漫故事。族谱记载的都与一个皇妃有关。

《豫章罗氏族谱源流考》载："宋高宗建炎三年己酉岁，帝妃苏氏，一时不慎，失调丝乐，致触帝怒，斥居冷宫。旋获宫女之助，逃脱出宫。至关口，遇黄贮万运粮至京，船泊关口，苏妃哀求黄收留，匿于粮船。黄见美艳，允契南下回籍，匿藏家中。后为家奴刘壮宣泄其事，传扬至京都。宋帝大怒，乃敕兵部尚书张英景严办。张尚书拟先将牛田坊（珠玑巷）所属夷为平地，然后建立兴良平寇寨。幸得我贵祖姊丈梁乔辉时任职兵部，先悉此事，急遣家人星夜赶至珠玑巷，密报我贵祖。贵祖以大祸骤降，密商于乡里，立即向县衙申请迁徙，以免遭受无辜杀戮。宋绍兴元年辛亥岁正月十日，奉准南徙，于十六日晨齐集亲族戚友三十八姓共九十七户，由我贵祖统领，各携妻挈子，分水陆并进。"

这个象由珠江三角洲新会、顺德、东莞、南海许多氏族的族谱中都有记述。但史书并无苏妃的记载。

宋高宗建炎三年六月，金兵已进军汴京，苏妃之事不可能发生。此时，隆祐太后率六宫自建康往洪州避难，金人急追，途中，有160名宫人失散。也许，其中一个妃子往南流落到了200公里外的珠玑巷。这完全是可能的。大批跟随隆祐太后的官僚后来没有随太后回临安，他们继续向南逃难到了珠玑巷。

另一说是皇妃胡菊珍。胡妃史上确有其人，《宋史·贾似道传》有胡妃的记载。咸淳八年，因明堂成礼，祀景灵宫，遇大雨。胡妃之父身为大礼使没做好准备，致使皇帝却辂乘逍遥辇还宫。胡妃之父因失职被罢政。胡妃也因此事被贬出后宫，削发为尼。《小榄麦氏族谱》记述的胡妃故事与苏妃如出一辙。到张贵英欲血洗珠玑巷时，胡妃为解珠玑巷人灾难，自己出来表明身份，要官兵不要伤害百姓，然后，投井自杀，以示反抗。

珠玑巷有一座"贵妃塔"，是元代珠玑巷人修建的，据说是为了纪念这位危难时刻拯救百姓的皇妃。但胡妃之事却发生在罗贵南迁141年之后，时间对接不上。

也有说是金兵南侵，南宋官兵进驻珠玑巷筑寨屯田，大批中原人越过南岭梅关道进入珠玑巷，珠玑巷人不得不另谋生路。

与所有的迁徙一样，这也是一次前程未卜的远行。

迁徙者最后停下的地方是珠江的一条支流西江。他们看到远处的炊烟，那是比他们更早的移民。沼泽中蓢草遍布。他们称这里为蓢底。

走近茅室，一户人家姓谢，一户人家姓龚，主人热情出门相迎，于是，97户人家纷纷寻找自己落脚的地方……

这是南方一则真实的传说，一部没有庸常色彩的史诗。在良溪春天的虫鸣蛙鼓声中，在满眼苍翠树木与杂乱房屋面前，在我走过的溪边小径上，在荷锄老农悠闲的步子里，这传说覆盖，如透明烟岚，让现实不能真切。

一座大城市在罗贵当年上岸的地方矗立起来，如同另一个星球降落的庞然大物。在庞然大物的背景里，一座小山丘显得愈加细小，愈加窘迫、荒废。这山丘便是罗贵的安息之地。

上山的路砌了粗糙的石级，粗粝的霸王花，剑麻一样肥大的叶片交相覆盖，密密麻麻披洒路边。山腰上的坟墓，花岗岩围砌，一块黑石上刻着墓志。这是罗贵的墓地。

这个北宋开国功臣罗彦瓌的七代孙，隐没到了这个无名山丘，面临着被城市吞没的危机。当年他的祖先一代开国功臣，立下赫赫战功，宋太祖赵匡胤杯酒释兵权，他不涉皇帝猜忌功臣，弃职远徙，南行3000里，隐居珠玑巷。他的七代孙罗贵又带着一家19口人再度南迁，抵达这座山丘下的阡陌之间，以不断退让的姿态，重续田园牧歌生活。

墓前，潮湿的泥土上布满了密密麻麻的脚印。这些脚印是清明节从广州、香港、澳门和东南亚各地赶来的罗氏后裔留下的。地坪外一堆红泥，是烟花爆竹放过后遗下的沉灰。罗贵的后人，又一次从良溪出发，远的迁徙去了海外。

山丘之下。溪水环绕，稻田错落。丘陵间村落散布，池塘绿树掩映，鸡犬之声相闻。村中的青砖石脚古民居，都已破损不堪，长满青苔的门额上饰砖雕、灰塑，山墙描草龙，梁下水墨绘画风雨侵蚀下已浓淡不一。古屋旁，有根深叶茂的古榕、参天的木棉，有一座建于乾隆元年的"旌表节妇罗门吴氏"贞节牌坊……

蓢底变良溪，因为蓢草已尽，只有溪水依旧绕村。

良溪人口 500 多户，1600 多人，罗氏后人是村里人口最多的。随便问路边一个蹦蹦跳跳的小男孩的姓氏，他说姓罗。他身穿蓝色校服，刚从学校放学回家。

村道旁，用木板做的旧店铺已经塌陷。溪边，空无一人，却有一座罗氏大宗祠。这是村里惟一保存完好的建筑。宗祠占地 2400 多平方米，硬山式建筑，灰白的石柱，山墙搁檩，船脊布瓦，琉璃剪边。面宽三间，三进三厅，架构疏朗开阔，气宇轩昂。宗祠形制与中原建筑一脉相承。

我在石柱前仰头读着对联，读着读着声音越来越大，一副是："珠玑留厚泽，茜底肇鸿基"。另一副是："发迹珠玑，首领冯、黄、陈、麦、陆诸姓九十七人，历险济艰尝独任；开基茜底，分居广、肇、惠、韶、潮各郡万千百世，支流别派尽同源。"两副对联道出了村庄的历史。

宗祠供奉的正是良溪始祖罗贵。800 多年前的那一纸誓言，97 户人家的后裔并没有违背。这是中原儒家文化忠孝节义进入岭南的一个见证。

一个有根脉的村落，安安静静在此繁衍 800 余年。一个留传的故事守着与之对应的村庄，守成一种恒定，一种不再背井离乡的恒定，一种超越岁月与朝代的恒定，美好、温馨氤氲而生。良溪人一代一代牢记自己祖先哪一天从哪里开始向这个地方走来，甚至途中的艰险、迁徙的原因，记忆都不在岁月中褪色。纸上的记录与大地上的生活这样密切联系着，像两支向时间深处挺进的纵队，彼此呼应，不曾迷失。

然而，城市在逼近，一切面临着瓦解。他们将像所有城市人一样，不再带着祖先的时间和历史生活，不再记忆个人生命的历程，不再明白自己血液的河流怎样在时间中流布。古老将交还给时间，正如老建筑归于尘土，一切都是新的，新得像钢片，嵌入时间的滴答声中，冲刺到时间的前面闪闪发光。

沐着暮色，走进江门灿若海洋的灯光，进餐的大厦人潮如鲫。人群中与我一样来自乡村的人，村庄在眼里已经沉入了黑暗，看不见了。推杯换盏间，有人说起一座石头村，那是另一个迁徙的故事。良皮河边，600 年前，一个叫黎文思的人过河，河水上涨，水流把他冲倒，一块巨石救了他一命。上岸后，他就用漫山遍野的石头砌起了第一栋石屋。他也是从珠玑巷出发的。

石头村是恩平市云礼村。村里人都是黎文思的后人，都用石头砌屋。现在，石头村的人都进城了，人去楼空。一间石头房里陈列了木桌竹凳、蓑衣斗笠、犁耙簸箕等农具，供人怀念。

窗外，下起了小雨，雨滴轻叩弧形窗玻璃，路上人行色匆匆。视野里一张张打开的五颜六色的伞，伞下一双双走动的脚，都是喑哑的，雨声、脚步声和汽车驶过的涮涮声都喑哑了。我望着灯火迷离的地方，也许，那涌动的人群中有一个石头村的人，他保留了自己的黎姓，熙熙攘攘的街市，却找不到熟悉的面孔，熟悉的声音，人群中的孤独在向着他的内心深处生长。走在石头的街上，同样的石头，在乡村它那么亲切，在城市却如此陌生。城市的新景观对很多人，也许，一生都会是陌生的；用尽一生，都在抵达之中。

迁徙的跫音

永定土楼

踏足永定县公路，一些路段正在修补，红泥与石头经雨一淋，软硬分明，突出的石头刮到了小车底盘。几次下车，土楼其实早已在视线里。挨路边的一栋土楼塌得只余一角，什么年代的呢？

去年到龙川，第二年到永定，一个粤东，一个闽西，不知是有意还是无意，走的都是纯客家人的地盘。自己很明白的一点是，客家人的迁徙一直是记挂着的。粤东，客家人从中原长达1000多年的大规模迁徙，最终于这片土地上止步；永定，是它的土楼——一个外来民系以一种独特的栖居方式在陌生土地上立下足来。

一路上我心里默诵着中原，心里的那条路线渐渐地清晰起来。就像一条路，我踏上了它的路基，立刻，那个端点，那个原来遥不可及的年代，变得不再只是一个抽象的时间术语，它有了某种气息。那是1600多年前的东晋。一群人走在西北的土地上，那是怎样的沙尘滚滚，怎样的弃下老弱病残，怎样的喧哗声中上路？

一条不归之路！"五胡乱华"，被赶下台的权贵官宦，惧怕株连的魏晋世家大族，还有躲避战乱的升斗小民和流窜图存的赤贫游民，他们结伴而行，出潼关，过新安，一路向着洛阳而来。陪伴他们的是烈日，大雪，泥泞路滑的雨天？

◎ 土楼俯瞰（迁徙的跫音）

他们肩挑手扛，千辛万苦到了洛阳，来不及喘息，就又匆忙南下，沿着黄河向东，抵达巩县、河阴，又转入汴河……

只要脑子里一出现那支疲于奔命的队伍，就觉得自己走在这样的柏油公路十分奢侈。秋天，南方的山岭依然绿得葱茏，阳光让漫山草木闪烁出无数的碧色。他们看不到这样的近乎肥硕的绿，他们的子孙抵达这片土地已是大迁徙后几百年。在这几百年的岁月里，他们找不到家园的感觉，他们随时准备着向南方逃避。

振成楼的夜晚

木梯吱吱声中走上四楼的卧室，时间已是半夜。望一眼深墙外的洪川溪，只有风摇古木声。白昼的阳光，阳光下的土楼，只在想象中了。静，让耳朵本能地寻找声音。不一会，鼾声升起来了，同行者已经入梦。心里叫苦，长时间的辗转反侧，不禁发出一声长叹，只得爬起床来。

土楼第一晚就失眠了。多年来，在南方的山水里行走，还从未曾失眠过。

虚掩木门。院内奇静。圆形的内环走廊在下面划出一个个同心圆。月光似有似无。但深的屋檐和挑廊的阴影却浓得化不开。觉得暗影里有一种久远的目光。视线从青瓦的屋脊望出去，一堵山崖，只有顶端的一小截呈现在土楼后，在望见它的刹那，发现它也在痴痴地望我，灰白相间的岩石突然间有了含糊的表情。心里一惊，低了头，暗影一样浓的静里，眼前的一切像是假寐，暗影里有一种知觉，觉得几千年的岁月醒了，像飘忽的念头被我看见。非现实的感觉，奇异又安详。害怕弄出一点声响，害怕有什么事情发生。

最早生活在这里的土著是那些山都、木客。他们身材矮小，皮肤黝黑多毛，披发裸身而行。"见人辄闭眼，张口如笑。好在深涧中翻石觅蟹啖之。"幻觉般的影像，灵魂似的在暗影里倏忽一闪，就不知去了哪里。

振成楼，围起一个巨大的空间，把自己身处的一片崇山峻岭圈在了外面，荒山野岭与匪盗、异族都在炊烟起居之外。院内，依然是耕读人家的生活，是仁义礼教的儒家信条。100多年，林氏家族就在这封闭的空间繁衍生息。

月光先前是明亮的，也许疲惫了，像一个人失去了精神，它所普照的山川大地也跟着黯淡。村长，一个热血汉子，客家酿酒敬过一碗又一碗。半醒半醉间，手舞足蹈，找来村里的艺人来助兴。那个手脚并用，同时演奏扬琴、鼓钹和口琴的艺人，身板那样瘦，像风中苇秆。他在院子中央把阿炳的《二泉映月》拉得异样的凄美。唱客家山歌的老人，一开口，金牙就露在唇外，唱起情歌仍是那样冲动。他们在月华中来，又在月华中去。人一走，月华下的老屋，静得耳鼓生痛。

10年前也是这样的一个晚上，在湘西德夯那片木楼前，我喝醉了酒，躺在吊脚楼里。月光下，一群苗族女子跳着接龙舞，木叶、二胡声里，队伍像波浪一样起伏。只有我一人扶着木椅靠，呆呆地望……人想往事，总是感怀最深之时。月光像退潮的海，黎明前的黑暗覆盖过了千山万壑，像时间那么深、那么神秘。

承启楼

　　来土楼的意愿少有地坚决。相约的同伴，一个一个打了退堂鼓，犹豫只有片刻，我就不再动摇了。从厦门出发，渐渐靠近武夷山脉，云雨濡湿了山岭，阴郁的光线里，丛林绿得愈加鲜翠。空中气温节节降落……走遍长江以南的土地，似乎就只剩下这片山水了。从年少时开始，就不知自己为何一次又一次地上路。是在找寻故乡的气息？童年的记忆？那个从前温馨、宁静和淳朴的乡村，不经意间就变了，觉得它势利，还有点冷漠。我进入一个又一个古老村庄，又觉得打动自己的远远不止这些，仅仅是桂黔边境那个侗家村寨呈现于夕阳中的暧昧意味，就让自己觉得人生奇异。

进入永定洪坑村时已是正午时分，洪川溪在绿树下流淌，带着山中泥色。秋天的阳光让山川草木耀目生辉。一个2000多人的山村，隐匿在一条山谷中，30余座土楼沿溪而筑，大大小小，方方圆圆，随山势高低错落。这里是永定土楼最密集的地区了。客家的先民从宁化石壁逐渐南迁，到这里已靠近福佬人生活的南靖、平和，两大民系间的缓冲地带没有了。抢夺地盘的械斗时常发生。客家不得不聚族而居，于是，修建既可抵御外敌侵扰，又可起居的土楼成为最紧迫的事情。

与洪坑相邻的是高北村，开阔的谷地，上百座或方或圆的土楼散落于山坡与平畴交错处。爬上山顶俯瞰，圆形的土楼在山麓画出一组组黑圈，阳光下的土墙闪着杏黄色的光。它们是客家在大地上画出的一个句号，漫漫迁徙路到此终止？但是，还是有人迫于生存的重压，仍然没能停止迁徙的脚步，他们继续南行，甚至漂洋过海下了南洋。南溪边的振福楼就只有一个老人，她守着一座近百间房的空楼。老人坐在大门口给来人泡茶，她望人的眼睛是空洞的，她的眼望到的是遥远的南洋——当年那一群远走他乡的亲人。

近处的承启楼是最大最古老的建筑，建于康熙四十八年，高4层，直径达78米。它外墙的杏黄与里面环形木质走廊的深褐形成强烈对比。如同天外飞碟，它静静卧于绿树丛中，恍然间已是300年。江姓人修建它的时候，把底层的土夯了1.5米之厚，下面一半的墙身看不到窗口。在那个年月，喊杀声不时掠过山谷，强人山贼相扰于村。但只要大门一闭，就能安稳地入梦，任他外人想怎样也攻不进如此坚固的堡垒。南溪的衍香楼为防火攻，甚至大门之上还装了水喉水箱。

下山，大门里老人们正在闲聊，一位佝偻着腰的老人见有人来参观，很是为自己的祖屋和祖屋里走出去的人才骄傲，他主动带路，热心讲解，还领进自己的膳房，泡上茶。临别，不忘找出油印的介绍资料，签上自己的大名——江维辉，并在名字下写上年龄：72岁。

站在院中的祖堂，可以看到每一户人家的木门，头上的天圆得像一口井。院子里，由里向外，一环套一环，建有三环平房，房里灶台、橱柜和餐桌收拾得整整齐齐。二楼大都上了锁，里面堆放的是谷物杂物；三楼四楼是卧室；楼内四个楼梯上下，串起了全楼 400 间房屋。院内还掘有水井两口。在这栋楼内，江氏人共繁衍了 17 代。

绕着承启楼走，几个挑担的妇女迎面走来，箩筐里装满了刚采的红柿子。门口一群孩子向我夸赞，一个男孩用拳头捣捣一处裂开的墙，说，你看它多紧固，里面还有竹筋。

随便问了一句：会不会唱客家山歌？男孩张口就唱了起来："客家祖地在中原，战乱何堪四处迁。开辟荆榛谋创业，后人可晓几辛艰。"曲调里有一份挥之不去的忧郁，淡淡的，像林中夹杂的风。那条路、那群在漫无边际土地上跋涉的人又让人思想起来了——他们到了汴河后，过陈留、雍丘、宋州、埇桥，在淮河北岸重镇泗州作短暂停留后，进入淮河，一路顺流直下扬州，一路则从埇桥走陆地，经和州，渡过大江到宣州，再由宣州西行，眼里出现的就是江州、饶州的地界了。鄂豫南部、皖赣长江两岸和以筷子巷为中心的鄱阳湖区，都是人烟稠密之地，大队人马抵达后，本想在这一带立足，但人多地少，一些人又不得不溯赣江而上，一程一程，抵达虔赣。大多数人在这里停下脚步，开始安营扎寨，仍有人不知缘由继续南下，直到进入了闽粤。

我问男孩，知道祖居地在哪里，他答："石壁。"石壁的祖先呢？"中原。"

那条路我是见过的，洛阳、皖赣长江两岸、鄱阳湖、赣州，很多年前，因为种种原因我都到过。最后，岭南的一道山脉，也在 4 年前爬了上去——沿着宋朝的黑卵石铺筑的古道，从广东这边走上高处的梅关。古梅关，张九龄唐开元四年开凿，一条自秦汉以来就为南北通衢的水路打通了。赣州因此吸引了大批开拓八荒的"北客"。山隘之上，一道石头的拱门，生满青苔杂树，一副已斑驳的对联："梅止行人渴，关防暴客来。" 关北是江西的大庾，关南是广东的南雄，延绵而高耸的岭南山脉，这里是连通南北的唯一通道。我站在江西境内的关道上眺望，章江北去远入赣江。一条古老而漫长的水路，从这里北上，进入鄱阳湖，入长江，由扬州再转京杭大运河，一路抵达京城。

古道上，红蜻蜓四处飞舞，路边草丛里，蚱蜢一次次弹起，射入空中。秋风吹过山岭，坡上万竿摇空，无尽的山头与谷地在阳光下呈现一派幽蓝。黑卵石的路上，只有稀疏的游客走走停停。

唐僖宗乾符五年，黄巢起义，攻陷洪州，接着吉、虔等州陷落，数代居住虔赣的客家先民，又不得不溯章江、贡江而上，跨南岭，入武夷，进入闽粤。他们多数从武夷山南段的低平隘口东进，首先到达宁化石壁，以后再从宁化迁往汀江流域直至闽粤边区。此后，无论是北宋"靖康之乱"南迁的中原人，还是元明清因战乱南迁白汉人，都是沿着这条古代南北大动脉的水道南迁。当年客家人文天祥从梅关道走过，留下诗句："梅花南北路，风雨湿征衣。出岭谁同出，归乡如不归……"他被元兵从这条水路押解进京。跟随他抗元的8000客家子弟走过这道关后就再也没有回过头。

下山，走进路边的珠玑巷，一条老街，赖、胡、周等姓氏的宗祠一栋紧挨一栋。宋代，客家人翻过梅关迁居到了这里，他们成了珠江流域许多广府系人的祖先。南雄修复了客家人的祖屋，不少来自珠三角的后人来这里祭祖认宗。鞭炮声不时响起，炸碎了天地间的宁静。

湖坑镇的祭礼

又是一个晴天，山中的太阳像溪水泻地。鸟的啁啾，唱着山之野趣。一夜恍惚，起床时，振成楼仍人影寥寥。大门口只有一个卖猪肉的小贩，两三个老人与一个壮年人在剁肉。想起昨天游街的情景：一群人赶着一头猪，从湖坑镇一户户门前走过，吹唢呐的、拉二胡的、敲锣拍钹的，一边吹打，一边跟着猪走，就这样走了五天。一问，才知是镇里李姓作大福的日子，三年一遇。五天的斋戒，今天是开斋的日子。家家户户请来客人正准备大摆宴席。

截住一辆摩托车，就去湖坑镇看热闹。

车沿着洪川溪飞跑，连绵青山两侧徐徐旋转，显得柔媚无比。风声呼呼，话语断断续续，桑门比平常高了几倍，要贴近驾车人的肩，才能听明白：这一带人大都是靠卖烟丝发的财，然后砌土楼。客家男人有到外面闯世界的传统，最没本事的男人，即便在外游手好闲也不能呆在家里，那样会被人看不起。女人承担了家里、田头的一切活计。所以客家女从没缠过足。

湖坑镇的十字街头已经人山人海，通往大福场的路口用树木松枝扎了高高的彩门，沿街飘扬着彩旗。十几个剽悍的男人，小跑穿过人群，在一片空地上对着天空放起了火铳，"轰——"，"轰——"，地动山摇。

一队人马走过来了——

大旗阵，碗口粗的旗杆，硕大无比的彩旗，几个人扛一面；乡间乐队，吹吹打打，呜呜咽咽；光鲜的童男童女，穿着戏装，个个浓妆涂抹，被高高绑在纸扎的车、船、马上，一个村一台车，装着这一堆艳丽缤纷的东西，在人群间缓缓往前开；抬神轿、匾牌的，舞狮的，提香篮的……全着古装；一群扮作乞丐、神仙鬼怪的，边走边做各种滑稽动作……

◎ 做大福扮作乞丐的人

　　一队旗帜由一群学生高举着，一面旗上写一个历史上著名的李姓人物：诗仙李白、女词人李清照、唐太宗李世民、大将军李广……最后，公王的神位一出现，早已摊开在地上的鞭炮一家接着一家炸响。

　　这一刻，那个远去的中原又被连接起来了。是在模拟当年的迁徙？作大福的仪式是一种有意的纪念还是无意的巧合呢？那群行走在漫漫长路上的人，他们哀愁的脸、茫然的眼，在时间的烟雾中似乎越来越清晰，又似乎是越来越模糊了。

　　有半个足球场大的大福场，挤满了各家各户的方桌，桌上全鸡、全鸭、柚子、米糕、糖果……密密麻麻。嗡嗡的祷告、缭绕的香火，云层一样笼罩在人群之上。四面青山，晴朗的天穹，一片静默。祭奠先人——思念的情愫再次穿越岁月，罡风一样，悄然飘过了缈缈时空。

　　永定，这片客家扎根了数百年之久的土地，依然发出了历史的悠远回声。

客　都

定　南

三年前，念叨定南这个地名时正是冬天，我在龙川的山岭间漫无目的地走着。因为定南紧挨龙川，龙川有岭南时间最漫长的古镇，我想象定南也一定是古老岁月里的一个名字。不曾想自己会犯下错。

我注意它，完全是由于古代的一支军队。我在龙川的山坡地里想象着这支长途跋涉的北方军队。在龙川的佗城，我看到了这支军队挖出的深井，一对有几分像麒麟的石狮弃之于镇政府大门外，残缺的下颚被人用水泥拙劣地修补过，据说这也是 2000 年前的东西。这支由任嚣、赵佗率领的军队驻扎到这个鸟语啁啾之地（鸟语当然是指百越方言），并建立起一个土墙围筑的城——佗城。

定南是江西南疆的一段，它像一把斧头一样砍进岭南的版图，把一条东西横贯的南岭山脉折得如同九曲黄河。秦朝的军队就像一股朔风从斧刃处刮到了岭南山地。龙川虽为广东北疆，因为山脉的南移，它已深入岭南腹地，与现今的梅州紧紧连成一片——都是客家人居住的地方——我在客家人的地盘上步履匆匆，却完全是由着一种情绪左右，我对这片土地上发生的千年迁徙的历史无法释怀。它从南蛮渐渐走向与北方的融合，这一次军事行动无疑作用巨大。行动的前夜，定南那个拔帐发兵的地方当然令人遐想。

中华版图南移，让迁徙有了更广大的空间。数千年来，移民大多向着南方迈开脚步。即便西南，譬如云南，山坡上的少数民族也大都从甘青南迁，羌氐人的血液沿横断山脉的峡谷洒向了大江大河的下游。漫长的岁月，我注意着烟雨迷蒙的时间序数里成群结队而行的一群——客家人，他们求生图存，慎终追远，生动的面孔一直呈现至今。在闽西、粤东、赣南，客家广布，是怎样的一种延传和融合，一个被中原人视为荒蛮湿溽的地方，甚至数百年前仍是流放之地，而今变作了一个富庶的江南，诗词歌赋的江南？

一部以黄河文明为起点的中华编年史，同时确立的也是一个以中原文明为中心的视角。广阔的、在北方人看来是没有边际的南方，客家人远未曾到来之前，又是怎样的呢？它呈现出的面目之模糊，如无边黑暗。历史的神秘正由这种不被表述被忽视的部分纠集。显然，这片土地并不缺少人的生存，南迁者这才被称为客家。土著们不在这部编年史的视野之中，他们泯没于同样广阔的岁月。那是另一种生存，另一类的文明。这种文明也许并不逊色于北方，这从广东新出土的石器、花纹细密造型轻巧的陶器等文物得到证明。这些埋没于地底文物的主人，他们的血液依然还在南方人的身上流淌着，像文化交融的血液也随时间进行了悄无声息的大融合。面对一个个充满生命活力的岭南人，你能想象其身体里潜流着的血液，但是你无从分辨。

有10年多的时间，我生活于这块土地，20世纪末开始，我见证了南方中国历史上从没有出现过的经济奇迹。无数孤独又精彩的庸常日子流逝过后，我再也不能把这里当故自己的客居之地了，与许多南下者一样，我成了一个岭南人。但我深深怀念自己的故土，与客家人一样从忙碌的生存动作里偶尔抬起头来，眺望一眼北方，那种进入骨血的深沉和忧郁，猛然间我有了切身的体验。关注客家，也许与我这样的身份有关。

踏足定南县时，我已走过了闽西，看过了永定客家人的土楼，到了潮汕地区，然后是被称为客都的梅州——自觉或不自觉地几乎是环绕着她在走。在绿树葱茏远山如烟的丘陵山地，在客家人豪爽热情的语气与行为里，我浓浓郁结着的乡愁——这是我回故乡也不曾消失的落寞心绪，散得像一股轻烟。客家的山水与

情怀，是根深叶茂的古树，让我灵魂归依，客家人对人信任、热情的天性，他们坚持至今的观念、准则，一种鲜活又古老的文化传统，与流淌在我血液中的精神深深契合。我们精神的源头都能在那个遥远的中原找到汇合点。

在定南新修的宽敞水泥大街上走，空气中飘着这个纬度上春天特有的浓烈的植物芬芳。我向路人打听县名的来由。不同的面孔表情各异，他们都是回答不了问题的表情。他们或是走在上班的路上，或是刚从菜市场买回一堆肉和青菜，或是在街上横穿马路，不知道要去干些什么。我像故意考一道题似的，觉得有趣。一大早赶来，本想找到答案即走，没想到这成为一个难题。

找到新华书店，像个街头闲人，我一个人站在大门外等着门开，去寻一本有关定南历史的书籍。

跨进书店，灯还来不及开，两眼已一路扫射。密密麻麻陈列于架上的书，内容大都是如何成为富人、如何调情取乐。它启悟——消遣与发财是人生的两大基本主题。有关历史的书却一本也没有。

我的问题离现实是不是过于遥远了？把历史与现实混合在一起，不是多数人的行为，我什么时候成了少数派？发现自己一直行走在时间的迷雾中，我感到了太阳光下的街景浓郁的梦幻色彩。历史的蛛丝马迹与个人的想象建立起海市蜃楼，它们与现实的生活交织得骨肉难分。感觉有一双手是能相握的，尽管隔着时间的帷幕。这帷幕对我是那样薄，似乎闻得到那边的神秘气息，一切只需轻轻一揭。揭去时间的包裹，其实我们都在同一个舞台上。

既然对百越之国用兵，军队必聚集于南岭山脉北麓，定南自然是取平定南方之意。2000多年前那场战争的前沿阵地，定南丘陵沟壑间，帐篷遍地，刀光闪烁，人喧马啸……我一路观察定南的地貌，都是些不高的丘陵，红泥绿草，松枝幽幽，散落山坡平畴的民居都爱挑出一个阳台。50万大军驻扎，炊烟起处，连绵相映。谁也不知道这支军队是不是同时从这片山地南进。有一阵，我站在一条水沟边，流水声引得视线待在蓝得发黑的水波上。看惯石狮森林的眼睛正在发痛。

消逝的历史有时只留下一个地名而已，譬如佗城。相信定南也是同样的产物。

为着印证，我曾上网搜索定南名称的来历，没有收获。偶尔的机缘，到了定南九曲溪，同样是为了印证，临走还是往北折回了县城。

回到广州，才知道自己的错。定南宣传部受我之托，终于找到县名的来由，女部长打来长途，电话里大声说话，泼出一腔激情，她的话证明：定南，明朝隆庆三年才建县，起因是客家人赖清规的一次起义。朝廷平叛后，就将这个信丰、安远和龙南三县交界的地方单独划出来，取名定南。

愕然间，历史像一支箭穿过了想象的边缘，它容不得人半点猜测。古老的土地，短暂的县史，全因一个客家人的作为，而非一支远征军。

同样的错误还发生在定南的地理上。三年前，我一路北上，想从龙川的土地上穿越南岭山脉，体验一下任嚣、赵佗的部队如何翻越重重屏障，进入岭南。同行的龙川人知道我的意图，告诉我，那道南岭山脉与我车窗外看到的山坡没有什么两样。内心一时震荡，双眼圆睁。事实令人不可置信。那些山间劳作的农人，竟也幻化成定南农民的样子。也许，他们本来就没有什么大的区别。

我曾多次从韶关翻越南岭山脉，那些钢青色的巨大山峰，能阻挡住北方的滚滚寒流，甚至是中原的文化。儒家的文化就被这道山脉阻隔得面目全非。赵佗如何就找到了漫长山脉的这个低落处？这片地域广大溽热之地，秦人对它之陌生，

生命的奔赴　·51·

把百越国语言当作鸟语，但他们却能找到地理的关键！上千里的漫长山脉，几十万人的军队就这样轻易地穿过去了。

从定南回广州，走与龙川相邻的和平，翻越南岭山脉时，仍然山体巨大，沟壑深切。和平更西的连平是去时的路线，因为走错路，我误入这条南岭山脉上的公路，路旁高岩孤悬，峡谷幽闭，更见险恶。这两个相邻的县都在那把斧头的利刃之下。当年的百越降归，也许与龙川这个地理上的变化不无关系。（现在，京九铁路通过这里，高速公路也从龙川修过去了。）

赵佗的军队入粤后，一路从龙川打到番禺（广州），最终在此建立王庭。

驻扎在龙川的部队，秦始皇为了让他们落地生根，从中原送来了一万多女人，给士兵做"衣补"，也就是做老婆。这大概是粤东山区最早的移民之一了。与他们一同到达的还有那些被当作囚犯的六国贵族的后裔。那时，梅州、闽西一带依然是真正的土著山都、木客的天下。或者，一支更神秘的移民已经悄悄抵达或正在路途上，他们是如今人数变得极少的畲族人。

畲族人的迁徙开始于商朝末年。他们翻越桐柏山，渡过汉水、长江，直奔洞庭湖南岸，从这里，他们分成两拨，一路逆沅江而上，进入四川酉阳，走出武陵山脉后，沿着南岭山脉一路东行，一直到广东的潮州定居；另一路入江西，直奔赣闽粤三省交界处，在梅州定居下来。向东的一路，与后来客家人走的路线极其相似。

客家的迁徙开始于东晋，他们从潼关出发，过新安到洛阳，沿着黄河向东，经巩县、河阴，转入汴河，走陈留、雍丘、宋州、埇桥，在泗州进入淮河，一路水上下扬州，一路从埇桥走陆地，经和州、宣州、江州、饶州，溯赣江而上，抵达虔赣。少数人绕过南岭山脉，从武夷山南段的低平隘口东进，进入闽西石壁，再西迁至梅州。

唐僖宗乾符五年，居住吉州、虔州的客家为避战乱（黄巢起义），又不得不溯章江、贡江而上，沿同样的路线进入闽粤。随着北宋、元、明、清南迁的人越来越多，一批又一批的客家来到了闽粤赣交界的山地。历经三次大迁徙，梅州渐渐成为客都，龙川也成了客家人的龙川，南岭山脉变作了客家人躲避战乱的一道

◎ 潮州木雕

天然屏障。背离故土的客家不无悲伤地唱起山歌，忧伤的眼睛总是眺望山脉深处的北方。

　　早到的畲人，在此与客家人、潮人遭遇，岁月幽暗的深处，不知掩藏了多少不寻常的苦难。

潮　州

　　潮州像是我抵达梅州的一次预演。去年秋天，我站在韩江远眺它烟雨朦胧中的上游——梅江，那里是我向往已久却仍未曾到达的客都梅州。我几乎走遍它的周遭，只有这个客家人的中心成了我不曾踏足的地方。想不到一个多月后，当南岭之北飘下第一场纷纷扬扬的雪花，我在最寒冷的冬季走到了梅江边。同一条江，因居住了不同的民系而被赋予两个名字，让外人略感讶异。在潮州，我的目光从韩江碧波轻漾的江面收回时，我看到了客家的生命之水，并获得了一个客家人的眼光——后来我才意识到我一直在拿客家与潮人相比，在以一个梅州人的眼光观察潮州。是这条江水让我把他们连在一起。

在潮人董慎的谈话里面，我感觉到了他们血液里的孤独情怀。他们在世界各地彼此间称呼自己人时，诘屈聱牙的潮州话就像一个相互对接的暗号，那一定是一种内心孤立的表现，也是不肯认同外人自我封闭的一份倨傲。他们南迁至这个远离内陆、面对茫茫大海的平原，那些升起炊烟的闽越人、畲人，那些在东方架锅起屋的福佬人，与新来者有过怎样的血肉碰撞？他们陷入一种难以自拔的情绪，是因为前者，还是由于背井离乡的孤独在他们来得特别强烈，以至连绵千年而不绝？那是一次怎样的启程？

潮人是岭南山地的一个异数。同样迁自北方，但他们甚少关心自己的来历。他们占据了岭南最好最肥沃的土地——潮汕平原，作为强者，他们除了表现出孤傲，却从骨子里透出一种凄惶。他们把一个贬官大文豪韩愈当作神灵来祭拜，以至江山易姓为韩。韩愈在潮州只有 8 个月时间，其作为并非特别显著，其影响却横穿历史时空波及至今。韩愈拨动了一群怎样的心灵？是潮人内心深处的渴求在韩愈的身上找到了文化的井喷？是他们惺惺相惜？是同样的文化与遭际引发了共鸣？大颠和尚与韩愈谈佛论世，据说改变了韩愈的一些观念，彼此引为知己。这个留传的故事，也许象征了潮人与韩愈是文化触动了彼此的心、彼此的深深认同。

潮州文化，表现最极致的是其精细的审美趣味，精工细作的潮州菜，讲究素养品位的功夫茶，散淡闲致的潮乐，抽纱刺绣、青白瓷器、镂空木雕，甚至是耕田种地，也把绣花的功夫用到耕作上了，样样都极尽细腻与精致之能事，就像他们害怕丢失这样一种趣味，不敢变易，代代相传而从不言倦。

潮乐保留了汉乐的原味——它是中原古音的演变，沿用 24 谱的弦丝。潮州菜也是古老的口味，有名的"豆酱焗鸡"是宋代就有的菜。潮州话相当多地保存了古汉语语法、词汇，甚至发音：走路——"行路"，吃饭——"食饭"，吃饭了没有——"食未"，喝粥——"食糜"，要——"欲"，菜——"羹"，房子——"厝"。潮人说"一人，一桌，一椅"，仍如古文一样省略量词。在建筑上，潮人说"潮汕厝，皇宫起"，他们建房子就像建皇宫一样讲究，从风水、格局都有不少的形式，最著名的有：驷马拖车、下山虎等。祠堂是最奢华的建筑，每个姓氏都有自己的宗祠，它是潮州建筑的代表。潮人还用红瓦表示一种特别的荣誉——标志一个村落曾经出过皇后。大凡造型艺术，都表现出一种东方式的洛可可风格，这种繁复的趣味在如今简约化的现代社会中仍旧在潮汕平原流传。

这些几乎成了他们的根——文化的依赖——他们视之最高贵的品格。这文化把他们凝聚到了一起，使他们成了"胶己人"（自己人），也使他们可以乜视周遭。

只是一次地道的潮州宴，它的器具之多，调料之丰，味道之淡，做法之精，吃法之讲究，绝非民间饮食气息，而像宫廷之享用。再犯一次错，我也想下一个结论——这个民系一定出自贵族。他们隐瞒了自己的历史，他们的祖先隐名埋姓，只把自己过去的生活习惯与文化保持，向后传递。譬如潮州鄞姓，有人说是由靳姓改过来的。楚国大臣靳尚是鄞姓人的祖先。也许是陷害屈原的原因，后人耻于用这个姓氏。

求证是困难的，只当是诗人的一次狂想吧，一束光投向了时间的深处。黑暗太深，像潮人的沉默与遗忘，无法看清那个走在时间深处的人。

这天深夜，在潮州古城骑楼下走得累了，坐在韩江古城墙上，看出现于客家歌谣里的湘子桥，那些孤立江中的巨石桥墩激起阵阵水声。想起一条绵延几百里的江，两个名字，两种文化，两个民系，他们上游下游分隔开来，鸡犬之声相闻，老死不相往来。只有那些梅江漂下来的竹木，那些赤条条立于木排竹排上的放排人，那些泊在城墙下的货船，穿梭在客家人的山地、潮州人的平原……几十年前还历历在目的情景，已随流水而去。上游的梅江只有清水流下来，把韩江流淌得一派妩媚。善于经商的潮人，可会对这清澈柔顺之水发出怎样的感叹？

水，经年不息触摸800年石的桥墩，提示着一种生生不息的生命哲学。

现实的时空在由一城璀璨灯光撑开。空气不因时间的叠压而霉变，江河却因水流的冲刷、沉淀，日积月累得以改观。韩愈眼里的江不是今夜收窄的岸渚，从前清水流过的地方，夜色里跑着甲壳虫的小车。

对岸山坡，月光下更见黑暗。山坡上千年韩文公之祠，被潮人屋脊上贴满刺绣一样精细的瓷片拼花，盖上积木一样小巧的青泥瓦片，山墙、屋脊，曲线高耸，被夸张到极致。溶溶月光里，它正流水一样超越模糊时空。

黑暗中若有若无的水雾降落。一时领悟——韩祠只是这片土地上的一座建筑，是潮人需要的一座文化圣殿，依靠它，可以凝聚并张扬自己的文化。它就像心灵中的一股不绝水流，滋养一方水土蔚然葱沛的精神。

梅　州

说梅州是客都，她曾经是一个迁徙的终结之地，也是一个再度出发的地方。成群结队的客家人来到这里，幽蓝而空灵的山水，令人心灵抚慰。一片江南的云雾飘来，那是一种如梦如幻的牵系。青葱山岭波浪一样涌过麻木的脚板后，眼里出现的这片盆地，就是梦中的家园。

客家沿着汀江一路西行，逼仄的红土山地渐行渐阔，待到一江两岸升起炊烟，汀江下游半军事化的土楼已经不再需要了，大大减弱了防御性的围龙屋出现在梅江。那种渗透骨髓的儒家文化又有了表现的空间。那种对于文化的信仰，到了这片土地，又以诗书耕读的形式延传。

比定南客家民居看重阳台更具匠心，梅州围龙屋在封闭的建筑里表现了空间上的伦理。梅城有116年历史的承德楼，天方地圆，椭圆形平面，圆的是正门外禾坪、风水塘，是后院的花头，粉白的围墙照壁圈出前庭，半圆形廊屋环抱出花头。金、木、水、火、土五行，北方先人们认为构成世界的五大元素（2000多年前，西方雅典的先哲们也用四种差不多的元素土、气、火、水来解说世界），神灵一样被供在花头的上门，中间方正的房屋以正堂为中心轴线相对而出，由内向外层层展开，方格纸一样形成了八厅八井十八堂，表现出极强的向心观。其秩序由上堂、中堂、下堂按长幼尊卑依次展开，五代同堂的大家族起居变得井然有序。山墙瓦脊，讲究线条的曲直对比，黑白块面相生相克，如一幅宁静淡雅的空间水墨。

而梅城西郊的南华又庐是另一种风格的客家民居，十厅九井，注重庭园，大厅开放，井置庑廊、亭台、花池，组团之间以巷道分隔。抛物线造型的山墙一字排开，以之构筑立面，青山起伏间，平整的稻田，深处的溪流，粉白的墙面，砸人的阳光，沁肺的凉风，青空里的树冠，一方天人合一的至境，表露的是主人淡然安逸的生活情调，宁静致远的心境，隐然的人生态度，一种对生活品质的热爱与追求。一首凝固在空间里的田园诗，深藏着东晋南北朝遗韵至今的古诗意趣。

客家人对于根的追问，构成了客都的一处独特风景，甚至一种新民俗。恳亲大会定期开，世界各地的客家云集。客家菜也表现了同样的情结：客家酿豆腐——豆腐里包肉馅——客家人乐意解说它为南方的水饺。因为南方没有面粉，客家为了不忘记北方的饮食而刻意模仿。

没有一座城市像梅城会与一棵树相联系。这棵大榕树把一座城市比拟成了一座庭院、一个村庄。客家出行，要在这棵大榕树下拜祭。远行人放下行装，点燃香火，稍稍平静一下离愁别绪，甚至回顾一下漫长岁月含辛茹苦养育自己的故

土，内心深处作一次人生的回眸。他（她）双膝跪地，向着这棵与自己一同生长的树，虔诚地叩响额头，向她祈求路途的平安。归来者，进入梅州盆地，远远望见大榕树，她高扬的树冠，就像慈母挥动的臂膀。游子的眼眶因此而时常变得湿润。

树，离家的日子千百次在记忆里出现，她代表的是故乡，是亲情，是心灵的归宿、精神的寄托、灵魂最后的牵挂与抵达、人生最温暖的角落。一棵古树，因为共同的怀念而变得神圣。

树，成了梅江边生长着的乡愁。

490万梅州人，300多万人从这里走向了海外。

客都，一个迁徙之城，脚步声总从这里响起，它打破寂静深夜里的睡梦，踏响黄昏时的苍茫。闯荡世界，成了客家人的一种秉性，一种进入血脉的遗传密码。与守望田园的中原农业文明养成的故土难离心理大异其趣。他们读书，信奉儒家齐家治国平天下的理想。他们进入仕途，无梅不成衙。他们进入文化领地，诗人、画家皆名震一方。一路漂洋过海的，有的成了当地头领、巨贾。客家迈开

了脚步，就难以停息，他们永远在路上，所以记得最牢的是自己的血脉自己的根。

远行的客家，梦乡里一定有这样的情景：一层淡淡的云雾飘动在梅江水底，那是绿水里的青山；一座青山一片白云，一条江走在天空里，它像出阁的少女，明眸皓齿，黛眉轻卧，柔美的弧线画出大盆地的灵动；身后青山如漩，翁翁郁郁紧守一个个青春的秘密。

寒冷的腊月，江边徜徉，倚着石砌的栏杆眺望、怀想，不瘦的江水，展开蓝墨水的江面，风吹涟漪，银光一摊，如粼光晃荡。江岸划出半圆，弯月一轮框住一城清淳民风。天光水色间，往来人群，无半点匆迫。水的潺缓漾到了岸上，在人的脸上释放潋滟波光。

我从江南跨过大桥走到江北，踏过闹市的一地灯光，梅江拐过弯后与我重逢，我又在江南了。"一路谁栽十里梅，下临溪水恰齐开"。"谁向江头羯鼓挝，水边疏影未横斜"。浪漫的情怀，孳生在这个晚上：客家女孩耳边喁喁私语；十里梅香，不闻已齿颊生香；岸上人影，垂柳依依，人面桃花曾相识；一弯碧透，抽动夜色如书……

一个喜爱自然、雅好山水、热爱家族的民系，把一生一世的眷念系挂到了这一片烟蓝的土地。

一个游子把人生最美好的回忆留在了梅江两岸。

深　圳

南方的土地充满了灵性，也许因为纵横交错的水。南方的历史如此奥妙，因为有民系的大迁徙。用不着刻意去一个地方，用不着刻意寻找一群人，在南方的山水间行走，你能随时发现历史。南方起伏的山岭构成一个个封闭的空间，保存下了古老的文化，那些消失的语言、服饰、习俗……呈现出来时就像一个异族。历史并非只是过去的事物，它在大地上仍以各种方式发生着影响，呈现出茂然的脉络之势。

深圳鹏域村，明朝北方一支军队形成的村庄，至今仍被一座600年的城墙围绕。当年军队开赴南海为了消除倭患。这些海边安家的士兵，鹏城村还供着他们的牌位，后人遵从其训，为国效力，青石板巷的民宅里，至今有10余座将军府第隐身其间。抗英名将赖恩爵出生于此。他曾作为林则徐的副将，参加了抗英的"九龙海战"。香港回归在鹏城村引起的反响，并非只是燃放爆竹，还有向祖宗上香，告之家翁香港收回的音讯。家国之忧的传统一脉相承。

凤凰山，离鹏城村不远的一座山，客家人文天祥侄孙文应鳞逃到了这里，一代一代悄悄繁衍生息，至今已发展成一个文家村庄。

南方的土地，几乎可以找到另一部中华历史——每一个重大的历史事件几乎都能在这里找到回应，参与者总是以失败或失势或弱势一方的南迁躲避、流放而波浪一样消逝，余波在南方的山水间归于平静，隐于无声。

个人在大地上的行走，是一些瞬间的事物，像急流卷起的一个漩涡。在这样一个匆忙的年代，高速公路全面铺筑，就连行走也几乎变质——许多地方只有一个路名——高速路出口处的名称而已，几乎是一闪而过，它们在现代化的速度面前都被一一抽象掉了，成为目的地之间可以忽略的地带。

那些迂回的省道显示了亲切质朴的模样。特别是山岭相峙或者绿树当冠的道路，行车走过，让人生出迷恋。这些瞬间是珍贵的，它就像匆匆人生，朝如青丝暮成雪，每分每秒都是自己的生命自己的人生历程。

每走过一地，总是想看清之前走过的人，或者是我一样的过客，或者是扎根下来成为炊烟起处的土著，或者某一个特殊时段，历史有惊人的表现。这表现总能从眼前的事情里找出线索。那些被时间收走的历史，感觉在靠近。孩提时遥想20岁是多么遥远的事，人到中年，感觉2000年也不过弹指一挥间。不同年龄不同时间的感觉，让我把目光朝历史的深处伸展，道路一样延伸，直到许多的脚步踏上来了。我不再孤独。

程氏山河

一

　　东石、河头两条小河呜呜奔泻，混浊的河水流出泥色的长长波纹。它一路相陪，流水声忽左忽右不绝于耳。平远诗人吴乙一带着我，左转右拐，车在平缓的丘陵与慢坡间绕行，穿过几座村落，人烟渐渐稀疏。这时，天空只在一脉低低的山岭上露出白光，那漫射的天光下，新绿的草木间，一道围墙里的几栋低矮平房，青瓦木构还是新的。这房屋只为纪念一个人而建。

　　站在坡屋顶房前，眼里的山水因为这个人而照见出时间的踪迹。模糊古老的意象在脑海里飞掠一些不得要领的暗影，在这个春天逼人的翠色中几欲空泛。但是，因为这个人曾经真实的存在，那暗影总是凭空而至，迫使眼前的红色土壤与低矮树丛虚晃、退闪——旧时山川围绕住了眼睛的视线，似乎就要罩住这片不见古木的丘陵。山坡草木这个春天新生的颜色鲜活得不容涂改，它们浸洇了隔夜的雨水，阴天里仍然闪着油亮的光，裹带着泥土扑面的腥气——生生地把那一幅山水逼回到了意念，在脑海中顽强跳闪——瘴烟深锁，若赤黑之祲，古木樾荫，茑萝攀生……这绝非想象的溯洄，这情景犹如黄昏挥之不去的阴云低垂。

　　1500多年前的那一天，一个叫程旼的人就站在这山麓下，眺望着远近的山头。他放下行李，环顾四周，长途迁徙的旅程就此打住——这念头从他心里升起，荒山也有了几分亲近。这个"群莽密箐，轮蹄罕涉"之地，西擎南台半壁，东临耸峙尖山，北衔河岭屏障，南有水路通衢，山峦叠翠的山间平地，瘴气岚带到了山腰之上，这正是"寻得桃源好避秦"的地方啊。

不再前行了。所有人松下一口气，所有目光以一种家的感觉四处打量、搜寻——这就是新的家了？

年近半百的程旼，带着他的家人和部分族人从江西鄱阳湖湖口启程，他从墓地里取出了先人的骨骸，放入瓦坛，背着它一起上路。一坛先人的骨骸轻轻地又放在这片土地上，落地生根的标志便是骨骸的安葬。200多人，不知走了多久，这时挑担扛包、携手相牵者不过80余人。

他们是大迁徙人群中走得最远的一群。

妻子夏氏、长子程松、次子程杉、三子程梅，都随程旼而停步。他们在这个瞬间是喜是忧无从考证。长子程松以孝著称，一路上应为程旼分了不少忧。想必他轻轻舒了一口气吧。次子程杉应有一个好心态，南蛮荒野之地，在他可是新异的风景？他身上不无竹林七贤的影子。程杉活到了101岁，81岁时遁居湖南攸县灵谷，终日静坐，出语如同先知，当地人以为他羽化了，尊他为真人，旱涝时常来拜祷。

这是岭南的大荒野啊！目之所及，莽莽苍苍，荒山野岭闪动着岩石般暗绿的光。人烟稀罕，野兽出没。直到唐开元年间，梅县人口不过千人，汉人仅200人，其余皆为畲、瑶和黎等少数民族。客家人多起来的时候则要到北宋后期，一场"靖康之乱"，他们南迁至此，那时主客户达12372户，一半以上是客家人。这已是继唐僖宗乾符五年，黄巢起义客家先民第二次大迁徙后的第三次迁徙了。

程旼为何跑得这么远？他先是辞官回原籍隐居，南迁的念头不知始于何时。在他的不惑之年，北方外敌入侵，战乱不已，帝室内争，揭竿起义者不断，他审时度势，毅然率领全家及部分族人，从鄱阳湖走水路，逆行赣江、贡水，冲险滩，斗风浪，在武夷山脉西端翻越项山甑，他们跃动的弱小身影又消失于大山深处……历经磨难，亲人一个个死于路途，但程旼没有退缩。

　　"五胡乱华"是中原人第一次大迁徙。这次迁徙自汉末直到隋唐。迁徙范围之广，北从山西长治，西到河南灵宝，东至安徽寿县，迁徙者直到过了长江才集中在鄱阳湖地域落脚。他们在这一带开始孕育一个独特的客家民系。而远行者沿黄河、颍水，经汝颍平原，一直走到了梅州山区。梅县大墓岌、畲江等地出土的两晋文物彰显出了这些极少数先行者的行迹。

　　我的目光越过眼前的草地、围墙，在一片暗绿的山岭间逡巡，这是平远县坝头镇振东村山旮旯里不见人烟的官窝里。下午，看不到人影，天空阴沉不开，山坡一片枯草的焦黄与树木的葱郁皆十分醒目。同样的旷野无人，却有远处的田园，山肩上高玉电线的铁塔。以程旼当年的眼光看过去——山不曾增高，河亦不曾改向，千年岁月不过一阵风吹——一瞬间，我感应到了那个瞬间的复活……

二

程旼的名字怎么流传下来了呢？是一个偶然吗？1500多年的岁月对一个普通人而言，湮没得与萋萋芳草和尘泥一般，何处觅得半点踪迹？！今天的人却还在给他修建故居。这一切并非他艰难的迁徙之路，客家人迁徙都有一段血泪史。程旼穿越时空，是因为他在这个荒蛮之地的所作所为。

这个被称为南齐处士的人，据说髫龄即有神童之誉，甫入少年，即入庠序。丁年后习《五经》，尤喜《春秋》。南朝刘宋时，曾赴京应试，得中礼（记）经魁，选为史学士，任职建康。也有说他并无任职。地方志载：他"为人恂恂无华。性嗜书，恬荣达。结庐江滨，宴如也"。

民间传说里，他到达官窝里后，将儒家"泛爱众而亲仁"的"仁"发展为和邻睦族。与这族与邻的是土著畲、瑶，还有更原始的土著山都、木客。这从本地九畲十八溪的地名便不难推想。这些原居民"民风剽悍，尚气轻生"，喜好巫觋，崇拜狗，以狗为自己的祖先，常以鸡肝纹理预测祸福。山都、木客则"裸身被发，发长五六寸，长在高山岩石间住。暗痖作声，而不成语。能啸相呼，常隐于幽昧之间，不可恒见"。程旼与当地土著如何勾通，如何和邻睦族，已不可考。当地传说，他面对好斗成性的异族，先是办私塾，把敦本崇教之风带到这里。又以仁爱来息其斗念。土著有了纠纷不去官府，宁愿来找程旼，他总是热心为乡邻辨别是非曲直，讲出一番做人的道理。"心有愧怍者，望其庐辄思改过，有陈太邱之风焉"。

程旼声名远播，可能还得益于他的乐善好施。他周济贫苦人家，建凉亭、辟山道、筑桥、修水利，至今当地还有程源桥、程公陂。那时，耕种方式还很原始，程旼改进耕作技术，制作了一种犁，民国时当地拱背犁还称作程犁。

程旼以一介布衣，于明末时成为岭南古七贤之一，竟然与韩愈、张九龄、文天祥并列。清代葛洪的广东《通志》列出的古八贤，他也排在第一。自宋以来，历代文人骚客来此吊唁、瞻仰，写下大量诗词。地方官员也撰写了很多宅墓文、

碑记、传记、薄序等。程旼渐渐作为岭南卓著的客家先祖被后人敬仰。

也许后人把很多美好的品德加到了程旼身上，对他有所塑造，以集中反映中原文明如何传番岭南这一历史进程，倡行儒家文化。但程旼所作所为也一定非同寻常，否则，也迁来 13 年后，皇帝不会以其姓氏给这个地方赐名——程乡县。历史上以姓赐地名者屈指可数，程旼受此殊荣，是他的以德化人，信义著于乡里。中国人的理想追求是立德、立功、立言，而立德排在首位。程旼被看重并不奇怪。于是，万古江山与姓俱，村为程源村，县为程乡县，江为程江。"君子播奕德以维诶，俾人历千秋而不朽"。

三

修建程旼故居的人是他的后裔程贤章。他一生为文，创作的大多是客家题材的长篇小说，《大迁徙》、《围龙》是他退休后回到梅州故里写的，前者以程旼的迁徙为原形，后者从程旼一直写到今天，他要写出客家精神客家魂。年近80了，想到自己入粤开基的始祖连个纪念的地方也没有，他常常深感内疚。程公祠虽千年之前开始修建，但毁了修，修了毁，最后一次重修时用作了仓库，如今成了私人住地。

于是，他一趟又一趟往官窝里跑，还拉着广州各种各样的人来这里。有一年大暑天，他陪着广东文史馆的专家来考察，大太阳底下走得白衬衣像在水里漂过。

这个孤零零的房子，便是程贤章老迈之境要续祖宗遗绪、无忝祖德所做的事情，他把自己收藏的一部分文物也存放在里面了。我在散发着浓浓霉味的房间里穿过，寂静中能听到远处的蛙鸣。我突然心酸，理解了一个老人的心境，客家人寻根认祖、慎终追远的情怀，在他身上表现得何其强烈！他把自己的余生都用在对祖先的追思之上了。

踏足这个粤闽赣三省交界的重重山岭，客家大迁徙的历史就发生在这样的山中。这里的山水时常让我走神，仿佛另一个世界正在降临，那苍郁古木，罕至人烟，欹斜的黄土路，或青石板的官道，宁静总是这样深，阳光似乎也有了声音。炊烟起处，我总是走下车来，远望山坡上的村庄，这些张姓、廖姓、李姓、赵姓的村庄，在一个个山坳一条条山川中响起久违的鸡犬声。自汉末两晋迁梅的客家都喜欢聚族而居。他们就像自己族谱里的名字一样紧紧挨在一起，生怕失散。客家人会告诉我祖先当年迁徙的历史，这在一本本发黄变脆的族谱里都有记载。他们感念先人的艰难创业，怀念中原自己祖先出发的地方。

许多姓氏族谱中记载先祖迁自豫东南古光州。那里是大别山的南部，山区的景色与田园房舍竟与梅州十分相似。这是不是他们落籍梅州的又一原因呢？祖祖辈辈山中生活，山进入了他们的生活，就像客家山歌进入了他们心灵和精神的深处，深入了血脉。

《赵氏宗谱》载：过年祭祖时，赵氏后人在供品上插上筷子，猪头上插一把刀子。刀子象征的是祖先南迁时所历艰险有如刀下余生；筷子表示祖先是从江西筷子巷迁来的。而梅州很多姓氏后人都有这样的习俗。一本本族谱的源头都能找到当年那个长途跋涉来到梅州的开基始祖。而岭南最早有记载到达这片土地的平民便是程旼！一个饱读圣贤之书的儒家信仰者。

于是，客家第一次大迁徙中，程旼的线路清晰地呈现出来了：由鄱阳湖而入赣江，向东逆贡水至于都、会昌，过筠门岭，走现今的澄江、吉谭，或走水路石窟河、普滩，抵达平远。如烟的岁月有如水落石出，轮廓次第分明，一个民系最早迁徙的历史出现了一条脉络、一张面孔。这正是我粤东山间十年行走苦苦怀想的一幕！

遥远的迁徙路，在这座荒山中打住，生命的繁衍如同草木。程旼后人同房各爨，一代一代开枝散叶，至今传到了第52代。蒙人南下时，传至21世亚寰，他们开始分迁粤东各地。现在我国的云南、江西、香港、台湾，国外的印尼、泰国、越南、加拿大及美、欧、澳，全球各地都有分布，国内程旼一系人口20世纪末达到14688人，可谓根系梅州，叶茂全球，世系昭昭。南方家族历史又多了一个可圈可点之处。

四

沿着梅潭河进入大埔县的崇山峻岭，这是客家由闽西的汀江一路东迁所走过的水路。梅江、汀江、梅潭河是梅州客家念念不忘的江河，这是他们祖先涉过的江河，是他们生命的来路。江水在巍峨的群山间迂回萦绕，像天空落到了山谷，把灵秀之气融入了如梦山河，融进了客家山歌。这歌声在山山岭岭风吹树叶般四处飘扬……

突然水阔山低，大江齐聚。梅江、汀江、梅潭河全流到了这里——三河坝，交汇的江水向下游的韩江流去。天空游荡的云与落到江心的云都因一汪碧透发出了银子一样的光。客家迁徙的先民从这里由汀江转梅江，去往远方的梅县、蕉岭、平远、丰顺、兴宁、五华，他们开始逆水行舟。只有往潮汕平原与下南洋的船顺流而下，进入韩江。喜好山的客家人并不往平原去。那里是潮汕人的天下。

一片平坦的土地，长堤围起了一个三河镇。老旧的青砖墙、青瓦，青石板的街，木棉在天空火一样怒放。山墙上一幅地球牌香烟广告画已有百年。它对着梅江、汀江汇合的地方，那里停着船。长堤外坍废的一条古街，石墙上的水迹发黑，骑楼却是岭南最典型的商街。三河镇与一村一姓的村庄不同，这里姓氏达30个，十大姓有个顺口溜："陈徐饶范蔡，田罗李郭周"，还有贺、戴、唐、刘、朱、黄、曾、丘、吴、杨、洪、张、林、邓、卢、孔、柯、肖等姓。可以想见，这个商埠之地，不是一个姓氏繁衍的地方，商业的竞争，洪水的袭击，耕读之家还得往更深的山里走。它只是迁徙途中一个歇脚与信息交流的地方。他们都要在这里选定自己继续迁徙的方向。

清明时节，雪白的柚子花漫山遍野开，清香的甜像空中的河流，漫流过山坡和空谷，如抖动的时光，春天濡湿了、濡香了。自然的气息能浸透人一生的记忆。我呼吸着，张开贪婪的嘴，仿佛一声呼喊就能唤醒这空灵苍翠中绿色的精灵。客家山歌的回响，是遥远的生活，现实仿佛被历史包裹。

在梅县雁洋镇桥溪村，满山春花烂漫，如少女山歌一般昼喧夜闹。山坡上，一栋旧楼，门楣"继善楼"三个大字山下就远远地看见，门联写着"继志述事，善邻亲仁"。程旼的"和邻睦族"在这里仍然找得到踪迹。

一个至今自称"客家"的民系，与土著的融合并非那么容易。外来者被当地人拒绝是人类自我保护天性使然。岁月里暗藏的刀光剑影，只有亲历者才看得见它的血与泪。当年属程乡县界的建桥河，如今住的是张姓人，属丰顺县建桥镇。张姓人的开基始祖张德达来自闽西上杭，为融入当地，后人与畲族通婚，取畲人的郎名，祭祀畲人蓝氏外祖、婆太。他们除了信奉佛、道，也信奉畲人的巫、鬼与地方神明，建觋坛，请觋公、巫婆来念咒诵经。明崇祯十三年张氏后人建起建桥围，以城堡的形式建成一座族人的住房，以求得一个安身之所。至今犹存的古城，既有中原民居四合院，也有畲、瑶的圆形屋、干栏式建筑，儒家文化与土著文化在这里融成了一体。

大埔县联丰村的花萼楼、龙岗村的泰安楼，家族封闭的生活空间如一个巨大的碉堡，大门一关，与世隔绝，外族难以侵扰，强人宵小更是不得而入。这是林姓与蓝姓一族的祖屋，形状一圆一方，建材一土一石，楼内中央

都是祖先的祠堂。花萼楼为林姓南迁第五世祖援宇公修建，泰安楼是蓝姓二世祖蓝少垣兴建，他们都是祠堂祭祀的先人了。四周一重重围绕的是一辈一辈饮食起居的房间，其排列有序一如族谱中辈分的排位。400多年里林姓人家就生活在花萼楼里。而泰安楼蓝姓人家也在楼内繁衍生息了近300年。

梅县南口镇桥乡村的围龙屋，是梅州客家最典型的民居，房屋连成半椭圆形，大椭圆套小椭圆，一圈一圈向外扩散，相间的圆弧形过道铺石板或卵石。过道的门通往屋前地坪和半圆形泮塘。包在椭圆形中心的是家族宗祠。

这些独特又杰出的建筑形式，是客家人在这片山地上的创造。他们为了适应新的环境，为了不忘记中原文化，以空间体现着儒家的纲常伦理，表达着追宗认祖的心结，一个家族的血脉在空间上得以呈现。

程旼宣扬推行的儒家生活准则，一如天穹深处的星光，明明灭灭，慢慢在岁月中汇聚，渐渐众星拱出，群星灿烂。这星辉皆来自遥远的中原大地。

这一天，程旼一系有人去世了。我赶到梅州殡仪馆，族人与他做最后的告别。每个人瞻仰遗容后，都在瓷盆染得猩红的水里洗手。我从死者亲人手里接过一个红包。红包里装着米和茶。有人交代我，回去遇到岔路口，撕开红包，把米和茶撒到路上。客家送葬与回去的路是不同的。我不知道这葬俗与迁徙是否有关，路上的茶和米，让我想到了那些死在迁徙路上的亡魂。我把米和茶抛向空中的一瞬，仿佛看到了天地间那些看不见的东西，模糊，无形，诡异，一如茫茫逝川。

眼前的山水已是冬天的肃杀。

龙行之地

一

　　去龙川，因为地理的原因，脑子里先有了一幅高山深谷的风景图。在龙行之地南越王赵佗的故地走，山水奇妙地古老。定南县本不相干，想起它，是琢磨它的名字是否与当年平定南方有关。它属江西，与龙川相邻。我没能到龙川北面的边界，我原以为它是一道山脉分割开的。没想到龙川与定南间并没有大山阻隔。2000年前，对中原，那片土地一定是最遥远的南方了，定南一定扮演过边界的角色。当年，统一南方的军队也许就是从这里入粤的。想不到，秦朝灭亡得这么快，它的大将在失去主子后，就自立为王，南岭山脉成为赵佗的南越王国的天然屏障。

◎ 佗城古石雕

　　行走在龙川山岭低谷间，时而是水库，时而是河流，时而是温泉，还有古井、越王庙、古塔和围龙屋，而眼前出现的人群全是客家，他们都迁自中原。

记得走夜路从老隆去合溪温泉，公路上黑咕隆咚，路边两排树干刷了石灰，那节白色被车灯从黑暗里照亮，一排排倏忽出现，又急骤隐去。车灯突然照到了稀稀落落的夜行人。他们都是学生，很晚了才从学校回家。客家人对知识的渴望一从这个晚上凸显，就深刻地烙在我的脑海里了！

霍山是龙川的名山，奇石兀立，貌若丹霞，其奇异风光竟不为外界所知。这天就只有我们几个人攀登。山上有一残疾男人，一间破棚，几块石头支起锅灶，一副清闲自得的神情，向偶尔上

◎　龙川霍山酒翁石

山的人卖一点茶水、零食。他真的是守株待兔成语的释义。有人来了，一高兴泡了当地野生的甜茶送给我们喝，不取分文，忘了他自己是个待兔者。这又是客家的古道热肠。

下山，一道士远远跑过来给我们带路，害怕我们错过了那些他朝夕相守的好景。

一路鸟瞰，山下舒缓的丘陵从绿到蓝到淡如烟，直融入天际。正午的炊烟在大地上丝丝缕缕飘散开来，一幅好不宁静祥和的世俗生活画卷。想起客家远古的祖居地潼关之西，那一片皇天后土，同是鸡犬之声相闻的土地，与眼前的一切还有关联吗？于是，一条漫漫迁徙路，隐约于渺茫时空，从昼夜的栅栏——时间的黑白键上，如滑音一般划过，仿佛大地上的历史昭然若揭。

◎ 龙行之地

<h1 style="text-align:center">二</h1>

　　中午，在霍山脚下田心镇吃饭，这是个畲族人的聚集地。为什么叫"畲"呢？烧山种畲，刀耕火种，游耕不定，外人才这样称呼它？从前，他们服饰奇异，婚姻自由，没有儒家礼法思想，很难融于汉族士人。汉人还称它为"徭"、"峒獠"、"峒蛮"、"武陵蛮"。

　　据考证，商朝末年，南阳附近的平月，畲人的祖先开始上路，他们翻越桐柏山，渡过汉水、长江，直奔洞庭湖南岸，就是他们当年到达了汨罗江，聚集于古罗城。（现在汨罗市城关镇仍称罗城。）从此，他们分成两拨，一路循沅江而上，到了桃源，又由南转西，进入四川的酉阳，最后经吉首、凤凰、怀化，走出武陵山脉，绕广西桂林，沿着岭南山脉一路东行，一直到广东的潮州定居下来；另一路入江西，经宜春、吉安，到达信州龙虎山，直奔赣闽粤三省交界处，在梅州定居下来。

　　怎么也想不到，这片山地竟与自己的老家有联系，而且破译了一个千古谜团！我的老家汨罗江离这里何止千里！40年前我在那里出生。20多年前，在汨

◎ 龙川霍山

罗江的南岸挖掘出了灰陶绳纹鬲、筒瓦、陶罐、地砖。经考证，2000 年前这里有过一个古罗子国，但它为什么突然消失了，却成了悬案。古罗子国，被楚国征服的小国，从郢都之西迁来，他们与畲人有怎样的交集？为什么都离弃了罗子国？畲人分两批朝不同的方向走，为什么最后又都到了同一个地方？

三

6 年前，我从广州北行，穿过石灰岩山区一座座孤立的山峰，进入南岭山脉。一片起伏的群山间，瑶胞的草木房散落于山坡之上。一位头围黑巾、巾上插有鸡毛的老人，阔脸粗眉，声音洪亮，他唱的瑶家山歌，就是自己民族过山瑶迁徙的歌。歌中对祖居地怀念的感情深沉而忧伤。火炉边的一位阿婆和一位少女在做着针线。天寒地冻，我们一起烤着火，蹿动不宁的火苗，噼啪作响的木柴，我的眼前却出现了苗族火塘边的一幕幕——有几年时间，我在湘西的苗家山寨行走，几乎走遍每个县有名的古镇。阿婆和少女脸上特有的表情、说话的语气，我是那样熟悉，甚至感到几分亲近。她们用毫无疑义的口吻说，他们的祖居地在湖南洞庭湖。那些我曾听过多少回——我们是蚩尤的后裔，来自洞庭湖——湘西苗族朋友在不同场合讲过的话，又在耳边回响。

我想：他们难道都是畲人迁徙路上撒播的种子？都是古罗子国的后裔？

只是"武陵蛮"一词，就让我眼前晃动起历史的影子，弥漫出一片时间的迷雾。

四

对着窗外的霍山，我喝着畲族人自酿的白酒，似乎看到了畲人祖先眼里的霍山，那曾是一座陌生而让人陡生乡愁的山。有一团愁绪郁结到了酒杯之中，一杯

接一杯，仿佛自己长年漂泊的滋味能一朝吞掉。鱼被切成片，拌了茶油、米花、姜蒜生吃。主人言语不多，拿了眼角偷偷看人。半天才上了一道菜，蘸了小碟中的灰褐色盐巴，咸得人一时撮起了嘴。主人介绍菜式和劝酒的话，没有一句是听得懂的。他们的方言还保留有不少古音。难道古罗子国的语言也与之相近？我熟悉的家乡话与汨罗江的土地又是什么关系呢？几百年前，我的祖先移民时带来的语言，在汨罗江是被杂交、同化，还是反客为主了？生在嘴巴上的语言跟随着两条腿，就像浮萍跟随着流水，四处漫溏。曾在同一片土地上流行过的话，彼此却找不到沟通点。

数日逗留，有时是黄昏在田垄漫步，只有几点星光的黑夜里，沿着山溪绕村而归；有时在盘山公路驭风而行，极目远近丛林秋色；有时浮筏湖中，摸着一副纸牌，兴起处，纵声高呼……到了离开的那一天，才感觉有了几分不忍。

在喧嚣的都市，躲在书房一隅，翻阅着有关客家人南迁的史料，记忆与想象的双翅翔动在脑海。古邑龙川，这时就像笼于一片云烟，记忆中的山山水水愈加显得神秘、浩茫与缈远。

生命的奔赴

一

　　庞娟妮笑得春风满面，以黑亮的眼睛看着我，我仰头观看着大门，她两次按下快门。高大的门楼横跨马路，上面写着四个大字"南华农场"。我走近路边的橡胶林，阳光照得肥大的叶片闪闪发光。摘下一片叶子，叶柄渗出饱满的白色胶汁。庞娟妮拍完照，递上名片，我才知道她是农场的新闻干事，她刚从办公楼赶过来。那时我还不知道南华农场已抵近琼州海峡，眼看着就要从北到南把雷州半岛走通了，我却在这里折回了头。

　　庞娟妮是广西兴业人，广西师范学院学的新闻，两年前竟然跑到了大陆最南端与农民为伍。为什么来这么偏僻的地方呢？她憨厚的圆脸堆出雕塑般的笑容，声音却是轻柔的，"以前没有这么快乐呀。这里人好，自己的事还没开口就有人来问了，自行车在街上也不用锁，还可以跟人学养羊、养牛，开种蔗机，学到了很多知识。"

　　哦，她的理由这么不同！我想起了湛江的桂余祥，他来雷州半岛的理由。武汉大学毕业，桂余祥放弃留校，坚决要求到最艰苦的地方去，他与几百名大学毕业生分配到了刚成立几个月的华南垦殖局。那时他刚读完苏联小说《钢铁是怎样炼成的》、《被开垦的处女地》、《拖拉机站的女农艺师》。动员者说，那里是一片荒原，但是，通过我们的双手可以提前建成一个社会主义的大农场。他为此热血沸腾，激动地写下保尔·柯察金的名句："一个人的生命是应该这样度过的：当他回首往事的时候，既不因虚度年华而悔恨，也不因碌碌无为而感到羞耻……"桂余祥想着要大干一番事业。火车上他唱起了"再见吧妈妈，别难过莫悲伤，祝福我们一路平安吧……"

庞娟妮与桂余祥大学毕业来到了同一个地方，但他们之间相隔了60年的时光。

60年前这里是一片原始森林？在桂余祥的眼里，数千平方公里的亚热带原始杂木混生林一片郁郁葱葱，榕树、樟树、灰木、白背桐、白木香、龙眼树、荔枝树、箣竹、藤……织成了密不透风的大林莽。这是一个错觉？时光恍若轻雾一抖，便是阳光当空照耀，海上吹来的长风拂动衣角，远处的土地上人群弯腰种着甘蔗……现实是强大的，它总是把从前的一切逼迫成一道幻影。即便想象一下，眼前的广场和大楼被森林覆盖，感觉也很疯狂。

雷州半岛，鲶鱼一样向着南海游去。海南岛就是一块巨大的诱饵，在远处闪耀着莹莹绿光。仿佛是为了阻止鲶鱼的靠近，半岛上雷声隆隆，滚地雷、连环雷、低空雷、霹雷四季不停，春夏最为猛烈。热带亚热带的台风和雨水从大海上来袭，雨水渗入红土地，迅速消失。大太阳炙烤下的大地干旱不断。大朵大朵白云在天空移动，它们从大海漂上陆地，在亿万年如斯的台阶地上徜徉……

从北到南横穿半岛，我痴望着头顶奔过的白云，看着山岭在视野里渐渐平缓以至消失，起伏的丘陵变成了慢坡。南端的徐闻，一片片巨大的坡地或上升或俯冲，橡胶林、甘蔗、菠萝、香蕉、茶树、菜地，它们扇面一样展开、交错、层叠。越深入南海，地貌越似欧洲。我一路想象着原始的面貌，想象着从前古老的生活，就像中原迁徙来的人再也找不到俚僚人的生活场景，他们不知怎样就消失到了历史的尘雾里，杳无踪影。60年也是白云苍狗。

高速路上，蓝底白字的路牌一闪而过，我记着龙降、麻章、岭北、城月、太平、客路、英利、乌石、迈陈……暗自琢磨它们背后的因由，这些被某个人命名被所有人称呼的名字，投射了一种集体的文化心理，透露着某些地方历史的信

息。"客路"是客家人当年经过的地方吗？麻章、英利、迈陈这些无意义的地名大都是原居民俚僚人的居地。

拐上地方公路，钻过橡胶林、甘蔗地，香蕉绿得最鲜艳。我又看到了一批新地名：火炬、金星、丰收、幸福、东方红、五一、红星、友好、南华……它们无一例外都是农场。红色坡屋顶的房屋排列整齐，花坛、路灯出现在椰树和榕树旁。这些地名透露了一个时代的文化和气息——正是这些地名的出现，改变了半岛的模样！

61年前，一场有组织的大迁徙出现在高雷地区。大规模又神秘的一个行动，雷州半岛土地的命运与人的命运骤然改变！这片土地从此与另一批人的命运紧紧联系在一起。

半岛，一个迁徙之地，客家人、广府人、福佬人在漫长的岁月里陆续迁移到了这里。人们躲避战祸，带着惶恐的心理上路。而这次大迁徙，奔赴者怀抱的却是一种从没有过的远大理想、宏大抱负和家国情怀，背井离乡的时刻并无伤悲。理想在那个时代是如此广阔地存在着，它构成了 20 世纪特殊年代中国最大的现实。

一切只因为一种植物——橡胶树。

东西方冷战开始，西方对东方实行物资封锁，橡胶是重要的战备物资，全靠进口。橡胶树只在北纬 17 度以南生长，苏联和中国都把目光投向了中国最南端的国土。人们在那里发现了橡胶树。

二

大会议室，我与两位老人坐在桌子中间，房子显得空空荡荡。天气变得不那么炎热了，头顶上风扇一开凉风阵阵。张子元一头白发，话说久了就要歇口气。桂余祥老人仍然健朗。两个人你一言我一语，窗外不时传来老人们打门球的叫喊声。这是湛江农垦局老干部活动室。

张子元是河北石家庄人，17 岁参加八路军离开家乡，解放战争他随部队从东北一直打到江西南昌，他担任了四野 156 师政治部秘书科长。全国解放刚刚两年，他又跟着师部和一个独立营坐火车南下广州。部队接到了一项特殊的任务——种橡胶！他所在的部队变成了林业工程第二师。那一年他 26 岁。同一时间，湖南、广西、广东各有一个团的兵向着同一个地方开拔——雷州半岛。2 万军人归田不解甲，投入海南、高雷、广西等垦荒。

那年 7 月，张子元白天休息晚上行军，一路从广州走到了湛江。正是岭南酷热的季节，他从没有过这么湿热的体验，汗水几乎没有干过。这样湿热的气候从此伴随了他的一生。

桂余祥，武汉市人，作为实习生，他比张子元所在部队早一年就到达了雷州半岛。这一年，中山大学、武汉大学、岭南大学、金陵大学、山东大学、浙江大学、南昌大学、北京农业大学等几乎所有名校的林业、土壤专业的大学生在老师带领下齐聚海冈、高雷、广西，他们进入大林莽勘测、规划、设计。

桂余祥勘测时，背一竿一米长的大竹筒，里面盛满了水。干旱的土地，饮水来自深井。他背包里装着番薯、油布、土塘，吃的肉串在一根竹枝上。他看到了路边的碉堡、钢盔，报废的坦克，解放海南的战斗才结束不久。他们钻过带刺的簕竹丛，一条凿出的路还是解放军进军海南时开出的。森林深处，常常发现无人的村庄，有的床还铺着，锅上叠着碗筷，地里的果树挂着香蕉、木瓜、菠萝蜜，进村却看不到一个人。桂余祥感觉脊背发凉。他在地图上标上"故址"。

第二年毕业，他放弃留校，分配到了华南垦殖局。

张子元和桂余祥走在南粤的土地上，沿途看到了一队队打着红旗走在路上的农民，男人穿直襟衫大裆裤、牛头短裤，有的光膀子，脖子上搭一条粗布汗巾，戴着草帽。女人穿大襟衫阔裆裤，年长的妇女头上梳髻、插铜簪，姑娘梳长辫。他们挑着小木箱、小藤箱，穿着木屐、打着赤脚或穿着胡志明鞋（轮胎做底、内胎做面的鞋），个个黑瘦却热情高涨。25万人行走在路上，沿途自己埋锅造饭、昼行夜宿。

来自湖南、江苏、上海、山西的土改干部随后也上路了，方向一路向南……

这样的移民历史上从没出现过！

一个国家崭新的体制出现了，土地国有、集体所有，私有土地证、契约一夜之间变成了废纸，数千年人与土地的关系彻底被改写！

茅棚、帐篷散落在森林和芒草荒原上，来自苏联的斯大林系列、德特–54链轨拖拉机在苏联二战坦克兵操纵下铲向杂木林，它拱倒大树，辗扎灌木，尾随的人群挥锄拉锯。人们驱猛兽，赶蚊虫毒蛇，端野蜂窝，与山蚂蟥、蚂蚁篓子为伍，荒原上清岜的大火熊熊燃烧……

华南垦殖局在海南、高雷、广西的荒地开垦出了800万亩橡胶林地。桂余祥当年坐飞机运送橡胶种子，飞过琼州海峡，看到雷州半岛的原始森林变成了一格格规整的土地。有人问那里面种的什么玩意，他内心涌起了一股强烈的自豪感，出于保密他却不敢声张。

三

由湛江往东进入茂名的化州、高州、电白，这里也是当年垦荒种橡胶的地方。建设、胜利、曙光、火星、团结、民富……这些农场属茂名农垦局管辖。这里橡胶树大都种在山坡上。在散发着猪粪一样臭气的橡胶厂，我看到了乳胶、橡胶的加工过程。同行的王元、温维文早就习惯了这种刺鼻的味道，不像我走进了加工车间还在嚷嚷："这么臭！这么臭！"不肯相信这是橡胶厂而不是养猪场。

温维文一直记得5岁那一年走在路上的情景，他由母亲带着，与两个哥哥跟着一辆牛车走。牛车上拖着小木箱、床板、凳子。他们是电白县黄沙水库的移民，他们的目的地是刚建立不久的曙光农场。像他这样告别家乡，来到农垦重新安家立业的水库移民有10万之众。这时候，各地农场都建立起来了，橡胶林开始割胶。从此，割胶成了温维文人生最重要的内容。高中毕业，每年有7个月时间他都要在凌晨2点起床，走进黑暗中的树林，一盏灯照亮树干，斜斜地一刀割下去。乳白色的胶液渗出厚厚的树皮，沿着割线向下，流进胶碗里。在太阳升起来之前，他要在两三百株橡胶树上下刀。第二天树位轮流，转移到另一片橡胶林再割。浓浓的夜色，拂晓的雾霭，寂静的森林，踩在杂草上的脚步声，混合着植物与泥土气息的空气，从此占据了他青春的记忆。当了茂名农垦局党组书记，温维文仍然没离开橡胶林的光与气味，一有时间，他就要往橡胶林里跑。

1952年大移民开始后，高雷地区从此移民不断。大规模移民结束后，从小股人流再到零星的人，人们从四面八方来到农垦这个大家庭。

范大成算得上一个特殊的移民，他来自一个特殊的群体——越南归难侨。35年前，他还在越南山区医科大学读书，那年的冬至，刚刚读了一年书，他们一家八口从越南广宁省广河县闻寿街开始往边境上的北仑河走，与许多归难侨一样，趁着夜色，有的推着手推车，有的赶着马车，带着衣服、被子、锅子、米，一路走到了广西东兴。当地并没有人赶他们，为头的华侨被政府喊去谈话，莫名地免了职，重要的岗位华人一个个被赶下台，华人开始担忧，心慌。一批批人黄昏时悄悄走出家门，开始了一次漫无目的的迁徙。

迁徙，范大成并不陌生，他是客家人，在长辈的口里就有一条活着的路，那是先祖当年迁徙走过的路。他记得自己的祖居地在广东恩平大槐牛江渡。他走的路正是当年祖先们迁徙的回头路。清咸丰四年，鹤山、开平、恩平、高明、新宁、阳江等地发生了一场客家人与当地人规模巨大迁延十数年的战争，最后官府派兵平息内乱，客家人纷纷离去。范大成的祖先先往西然后往南，一直走到了越南。越南盲街一带到处是讲客家话的移民。

范大成这一次迁徙的目的地是雷州半岛，中国印支难民安置署给他圈定了南华农场。数万归难侨到了广东省农垦总局属下的农场。海南、广西、云南、福建也有大量安置的难侨。

南华农场20队迎来了一批越南的归难侨。谢宗芳今年85岁，当年七兄妹迁来南华，现在只有他一个人还健在。大家族中有去香港的，有迁往美国、法国、英国的，全都散了。不久前，他远在美国的侄孙专程来看望过他。马自威、马广妹兄妹，陈贵帮、陈贵湖两兄弟，从广西东兴随着家人坐车来到南华，他们的亲戚有的去了云南，有的去了福建，现在都失去了联系。

岑业忠是南华农场场长，他的父母最早从阳东县来到雷州半岛垦荒。范大成与他坐在一起谈起各自的祖先，岑业忠骄傲地说他是名人之后。他掏出手机，找到里面存着的一张岑氏宗祠照片，大门对联以楷书写着："基植南阳式枝竞发鼍江秀，源开北宗三派分流漠水香。"他的祖先就是当年平息土客之争的两广总督岑春煊。100多年前的土客之争，竟然与今天两个人的偶遇关联，命运为他们划了一个圆圈。岑业忠对范大成说，他每月都往阳东县跑，去那里祭拜先人，走亲访友。范大成没有去过恩平，他说，每年清明节他回越南去扫墓。

四

张子元从粤西农垦局局长的位子上退下来，桂余祥退休时是湛江农垦局办公室主任，他们一位87岁，一位82岁。张子元动过两次大手术，他拄着拐棍，并不拒绝别人搀扶。来到雷州半岛，他们就再没有离开过。桂余祥有一次借调广州，广东省农垦总局要调他，但他还是回到了湛江，他觉得这里更需要他。

回顾一生，张子元、桂余祥觉得人生最难忘的岁月便是那个垦荒的年代，他们记得大林莽的瘴气，忘不了睡在露天油布上担心着野兽袭击的夜晚，看到了有人因打摆子而死，有人被滚地雷劈死，有人被洪水冲走，有人被蛇咬死，有人被老虎咬去了半边屁股……多雨的季节，桂余祥见识了雷州的黏土。半岛火山土台地，酸性的红壤土没有层次，下雨天泥粘在鞋上，人越走越高；自行车轮胎粘着泥，平时人骑车，雨天车骑人。

有一段时期，桂余祥非常怀念四季，特别是冬天的银装素裹，他常常在梦里梦见蓝天下的枯枝。雷州没有严格意义上的冬天，一年四季树常绿花常开。偶遇寒流，当地人连避寒也不懂，他们上身穿着棉衣，下面却穿着单裤，夜里睡觉，上面盖很重的棉被，下面铺的仍是草席。桂余祥就告诉他们穿厚裤子、铺棉被御寒的道理。

恋爱、结婚、生子，与这块土地的缘在岁月中不断加深。桂余祥的妻子是吉林延边人，他们生下了两个女儿一个儿子。张子元的妻子是文工团演员，他们生有三个女儿一个儿子。儿女们长大后大都去了广州、深圳，桂余祥的大女儿去美国留学后加入了新加坡籍。他们没有跟儿女们走，而是选择留下来安度晚年。

老人们都有一份对红土地无法割舍的情缘。有的即便离开了，死后也想着要回来。广东省农垦总局副局长陈文高，他的骨灰没有埋到湖北老家去，而是洒到南华农场橡胶林里了。陈文高原是林二师副政委，老红军曾背着一口大锅走完了二万五千里长征。40岁那一年他来到半岛，那时他身材顾长，戴着深度近视眼镜，坐在旧吉普车里四处巡视。天不亮大家就出工来了，靠着篝火照明来垦荒。

胶园的轮廓刚开垦出来，许多战士就开始为自己选墓地了。这与陈文高的宣传鼓动有关，他总爱说："生为垦殖流血汗，死要留做橡胶魂。"正是他带领着大家把橡胶树种到了北纬 22.3 度。

五

"孔雀东南飞"，20 世纪 80 年代，内地人纷纷南下广东，人们放弃原来的身份，脱离体制，以一个自由人重新开始。这一场大移民，是个体追求自己梦想的一次大迁徙。远离故土开始变成了人们生存的常态。千千万万个话别，离愁别绪里心痛和悲伤不再有从前的沉重。

岭南大地，深圳、珠海、东莞、中山、南海……仿佛一夜之间人口膨胀，由县变市，再变成今日珠三角城市群。外来者被称作新客家。

农场子弟也加入了移民的队伍，他们进入都市寻求发展的机会。

历史显示了自己的意志，越是遭到禁忌的，越会汹涌澎湃而来。

当农场子弟移民城市，往农场填补空缺的移民也在悄悄发生。来自贵州、广西、云南、湖南的农民、转业军人，他们一户或几户坐着长途汽车，带着户口簿，背着衣物，提着红蓝线条相间的编织袋，拖家带口，向着半岛奔来。同样的土地，割胶、种甘蔗、种香蕉，新移民种植着陌生的农作物，操着生硬的语言，人数越来越多。他们承包了农场的土地，有的集中耕种，集体劳动，一步步实现机械化作业。先进的灌溉设施引进来了，300米长的喷射臂绕着中心点移动，抗住了半岛的干旱。甘蔗播种机收割机开进了漫坡地。成片集中开发的别墅出现了。农场朝着公司化经营的方向发展。现代化农业、城镇化渐成雏形。

走进农场场部和连队，与乡村的自由散漫不同，这里仍然洋溢着一种集体主义精神，农垦文化像橡胶树一样在这片土地上生长着。人们对集体的情感，因为国有土地、集体劳动的延续而保持下来。他们来自五湖四海，却都以场为家，彼此关爱，平等互助，有着坦诚待人、耿直无欺的品性。他们热情得单纯，简单得质朴，大公无私已然养成了一种习俗。农场与外面的世界不再同步发展，形成了一个个"孤岛"。正如深圳大鹏所城留下一种特殊的语言"军话"，它是语言的孤岛。明朝屯田制军队移民形成一个相对封闭的生活空间，一种不同的语言流传了几百年而不被同化。

农垦文化吸引来了年轻的大学生。他们来自湖南、湖北、江西、广西、云南、黑龙江。庞娟妮就是其中一位，她主动申请来南华农场工作。每年都有报考"队官"的大学生来到这片陌生的土地。庞娟妮的大学同学李秀萍从南华回北海老家后又哭着要求回来。

当年插队农场的知青回来了。几万人曾经在红土地上挥洒汗水，那时农场按兵团建制，实行军事化管理。稚嫩的生命，躁动的青春，艰辛的劳动，悲与喜、歌与哭，都刻进了一个时代的记忆。他们怀念如梦山川，闻到自己熟悉又陌生的气息，想着要在这里留下一点什么。几个农场在山上建起了知青纪念亭，都是知青自己捐款修建的。星火农场的知青还出版了《兵团岁月》纪念相册。那是一次盛大规模的归来，红色标语满街，人们敲锣打鼓，年过半百的人激动得如同孩子。老去的只是岁月，不老的是人的心灵。

张树、陈少珍是少数留下来没有回城的知青，一个来自广州，一个家在中山，他们来到日结农场插队，与农场的姑娘和小伙恋爱、结婚，从此再没有离开过这片土地。知青回来每次都要来看望他们，给他们打红包，请他们吃饭，比见到亲人还要亲。

当年的学生回来了，这些农垦子弟想念农场，一届又一届回场团聚。有的开始往回迁。这天中午，"南华中学 83 届同学团聚"的横幅挂在一家酒店门口，门外停了很多车。这里他们熟悉的面孔少了，房屋也变了，但回来了仍是喜极而泣。

离去与迁入，悲欢离合，同一片土地发生着不同的迁徙故事。它们诉说着两个迥异时代人的命运变幻。一种柔软而无形的东西，从过去延伸到现在，回到这片土地上的人都能嗅出来——那便是农垦人不变的精神。它也成了游子绵绵的乡愁。

田野上的史记

田野上的史记

　　坚硬的都市，躯体贪婪地向着田园伸展。人群如蚁，爬满街市的枝条。经济时代大地上极致的繁华与荒凉，高楼向着天空疯长，灯火在夜半燃烧，每一分钟都发出了硬币一样锃亮诱人的光，每一个人在巨石阵的街道，感受彷徨、渺小、孤独……而给人抚慰的历史遗迹被一次次涤荡，从前生活的点滴快速遗忘，无迹可寻。

　　时间像一片浅滩，失去了静水深流的平静与安宁……

　　30 年城市生活，观察并伴随它剧烈的变化，我心已疲乏生厌。一次次的远行，都是逃离的姿态。

　　这一次，逃到了最南的半岛。一尊石狗像出现，让我获得一种更加遥远的目光——石狗那个年代的眼光。我看到荒凉是物的云烟过眼。石头都荒芜了，还有什么能敌过时间的刀剑。最豪华的都市，也不过是荒芜的前奏。幻想的超脱，都市即欲抽身而出的快感，我看见一幅阴郁的内心图景。

　　颓然而坐。背靠石狗，青草的气息浓郁得惶恐。眼前是无边起伏的稻穗与蔗林，阳光稀薄。感受亘古宁静一寸一寸凉水浸地。一只石狗，让身体触到了时间积淀的坚硬。

　　身后村庄的瓦檐与树尖，在飞动的云朵下静默，三日之隔，广州遥远如往事，突然觉得自己成了都市的局外人。那些已经烟消云散的历史，因为一尊石狗，像另一个世界正在来临。

这只雷州半岛上的石狗，有着沧桑的模样，岁月把它侵蚀得面目模糊，那些工匠雕刻的痕迹变成了天然生存一样的混沌。不知道它的年代，更不知道何人雕塑了它。在稻田的小路边，青草正在疯长。我心里念想着它是远古百越土著人的杰作？1000多年前，俚僚人在这片红土地上生活，雷击、台风、旱灾，把狗视为图腾的俚僚，相信其有超自然的神力，石狗是他们的神物，是日常生活香火缭绕的地方，是他们求得神灵保佑的所在。

　　穿过繁华的广州街头，曾有这样的念头闪过：那些百越土著去了哪里？历史这么快就把岭南曾经真正的主人抹得踪迹全无？仿佛他们没在这片土地上生活过。灯红酒绿里，为什么要想象这么遥远的事情？是内心的空虚、无聊，还是现代化全球化的心理逆反，对原始、古老有一种疯狂的渴求？或者，像我这样新来的移民，看到了以前中原人的南迁，看到那个年月中原人走进他们的地盘，怎样的融合、挤压，甚至流血，那些不被中华历史记载的猺、獠、獞、獽……却被中原人冠以"犬"旁，野兽一样称呼他们，这是怎样的偏见与傲慢！他们在历史中的遭际已不难想象。百越与中原不同的文明被贬为"蛮夷"，绝迹于中华文明史外。那些煌煌历史巨著里，只找得到草草的几笔。"南蛮"也成了语焉不详的传说。边地的鲜活、本真、纯朴、泼辣在儒家的礼仪教化看来都是野蛮的。强大的中原文化压境，傲慢与偏见的目光里，中原焉能著述他们的历史与文化？

　　雷州半岛的石狗，经风历霜，仍然在田野上站立，猛然把从前土著人的生活推到了面前。它们数量如此惊人，成千上万个不同年代不同模样的狗，散落在乡村中。这场面让人心灵战栗。这顽强的精神之力，是黑暗中的一线曙光。

　　踏入岭南，身为异乡人，那些在历史视野里消失的百越土著人，以一种诡异的逻辑，走进了我的内心，让我常怀怜惜。也许这是弱者对弱者的感情——南下遭遇的歧视与排斥，强势进入的挤兑，都是一样的心灵伤痛。在南粤大地，我寻觅不到他们一丝一毫的音讯。他们的血液消融在现代广东人的身体里，就像汹涌的海潮里的一粒粒盐。只有一个一个百越出土的文物，一次次证明着岭南土地上的先民创造了怎样独特的文明，而非"俱无君长，随山洞而居"。这是岭南自我生长的文明。石狗作为活着的文物，可能是他们留在这个世界上惟一的艺术创造。它们仍在甚江的田野上流行。那些"蛮夷"粗粝、质朴、放达的生活，在这个偏僻的半岛上留下现场。

石狗在雷州半岛的徐闻、雷州、廉江、遂溪及周边地带出现，或者是乡村的村口、小镇的巷口、房屋的大门前，或者在水塘边、河岸上，或者在墓地前、村庙旁，它们大邹由玄武岩雕刻，高大的一米多，小的仅手掌大，造型多的是前腿向前撑直，后腿蹲坐而呈弯曲状，昂首翘尾，有的雄性生殖器雕得十分夸张。角尾、迈陈、营子、覃斗、乌石、英利、调风、草潭、良垌，这些乡村名字与汉族人取名的逻辑不太一样，不含富贵与吉祥的意义，有的甚至没有含义，这些村庄石狗最多。村名与石狗之间有怎样文化上的奥秘？这些村庄大都是雷州半岛上最古老的村庄，多数靠近海岸。

狗最初是作为这块土地上的图腾出现的。以狗为图腾的除了北方的游牧民族还有南方的游耕民族。《后汉书·南蛮列传》以一只叫做槃瓠的畜狗与少女成亲的传奇，把狗当作蛮夷的祖先。土著人俚僚就尊崇神犬槃瓠，对之顶礼膜拜。东方原始宗教信奉万物有灵，狗作为辟邪致吉、昭示天意的灵物，是雷州土著宗教

自己发展的结果，它受到了佛教、道教方术的影响。那些遥远的荆楚文化、中原文化、福佬文化，也风刀霜剑一样在石狗身上刻下了印迹。雷多地瘠的红土地没能阻挡中原人南迁的脚步，闽南兴化府、泉州府、漳州府的汉人从大海和陆地来到了这里。驻军的、流放的……都在这片只有低低丘陵起伏的土地上圈地造屋。宋代这里建起了道教的真武堂、灵冈庙，风水堪舆术开始流行，石敢当、八卦镜、镇符出现在一栋栋房屋中。俚僚接受了道教文化中狗能辟邪的观念，石狗如石敢当一样在吉宅的大门、巷口出现，开始从神坛走向民间生活。

这是一只怎样的石狗！它来自远古洪荒，在巨雷频频的半岛上，它变成了土著人的守护神。也许，俚僚人最早雕刻了它。年代最早的石狗手法写实，脸尖、立耳、平唇，后腿线条纤细，轮廓浑圆。而另一类，脸平朝天，眼圆，嘴张牙露，身上饰满卷云纹、铜钱纹，造型变形夸张，具有神似而形不似的风格，它们数量多分布广。受佛教象征性艺术形象狮子造型影响的，则是佛教文化在半岛传播的结果，这一类头大而圆，眼阔珠凸，表情丰富。它们出现的年代较晚。

石狗的变化，印证了半岛民族迁徙混合的历史。它是不同文化融合的产物。经历不同朝代的迁徙、挤占，俚僚人已不知去向。今天，半岛上找不到属于少数民族聚居的村落了。

在田野里行走，有时在乡村公路上乘车，有时在田埂小径踩着红土与青草步行，一只一只石狗与我相遇，从它们不同常规的模样揣度着雕刻者的心态，文化的趣味，甚至性情，感受时间深处的人文气息。那些以锐利铁器雕凿的手，有谁知道他们内心深处的隐衷与哀痛，作为被边缘被挤压的少数一族，他们要么出走，到更加荒凉偏僻的地方去，要么被融合，退出生命的进程、历史的舞台……那来自远古的石狗，一个一个张开了嘴，是在向着天地诉说吗？俚僚的生存、悲喜、历史，能从这喑哑的诉说中被世界接受吗？

这像是一次历史的勘探之旅！

这双手为这个世界创造了怎样的杰作！中国传统雕塑注重体积的表现力和传神写意，这特征在石狗身上也能找到。边地的强悍、粗犷、野性，它的朴素浑厚、稚拙天真、不拘法度、自由率性，却让石狗远远地与腹地中央的艺术拉开了距离。写实性的石狗，雕刻的结构、比例、形象十分准确、逼真。有一只小狗甚至刻画出了它柔软的肌肤质感。不受儒家束缚的民族，更热爱表现性的艺术，这类表现主义的作品极多，雕像者手法夸张、概括，舍弃细部，强调某个特征，表现出一种精神，富有深的艺术感染力。他们早期的作品因势造形，在似与不似间，表现了独有的稚拙与粗犷。这是一种"循石造型"的方法，着重刻写神韵。后期作品受到了中原文化的影响，有了装饰性，运用线、面和几何形体，再结合阴刻、浮雕，突出形式美感。

湛江市博物馆收集了500多个石狗，分门别类摆放在房里，房里放不下，又放到了地坪的草地上。石狗们带来了半岛上的原始、神秘、野性，边地的荒僻之气，还有一个民族心灵外化的永恒一瞬。

石狗们离开了自己生存的环境，它们挤作一堆，人间的烟火远去了，那些传说、疾苦、风雨、挣扎、香火、诉说……都远去了，它们像失去故乡的孩子，无人认领。静悄悄的空间弥漫远古的乡愁。

一只长方体的石狗，头部与身体连成一体，长方体顶的斜面刻出了一张宽大的嘴，而两只眼睛小小的深陷眼眶，却炯炯有神，好像等待着主人将它领走。这是一只有着鲜明个性的狗。草地上的一只石狗，它像一块原始的石头，面目不知是毁坏了，还是它本身就如此粗犷，只有两条深浮雕的前腿是清晰的，它像远古的一声呼唤，诉说着天地玄黄……

没有一只石狗与另一只是相同的。它们不像中原石狮雕塑慢慢模式化了，甚至作为权力的象征，狮头上的鬈毛数与官品一一对应。野地里创造的石狗是没有等级观念的，也没有礼义廉耻的束缚，只有生命勃发的豪放与快活，许多雄性石狗雕刻了巨大的生殖器，有的大得像一条腿。它们表情有恐惧的、生气的、乞怜的、悠闲的、迷惑的、自信的、苦恼的、装模作样的、呆笨可笑的、若有所思的……人和狗一切内心的活动几乎都在这里找得到共鸣。

一部雕塑史对于边地艺术活动的忽略与遗漏，是中华艺术的重大缺失。特别是雕塑与日常生活如此密切，甚至它们就是生活本身，这样的雕塑极其稀少，太多人间的气息人文的气息在此氤氲！今天投身于市场的艺术家们，难以想象那些投身于神灵和生活的艺术创造，也难以葆有人类最初的真纯之气、稚子情怀了！

在红土地上踯躅，都市恍惚中云烟般淡去。椰树高耸，蕉叶像晾晒的被单，纷纷披挂于田野，绿得绝对；芒果树香，苦而浓郁……感受着自然的气息，安静时，听得到虫子啃咬树叶的声音，鼻子闻得到远处大海的存在；月光下，浮云披着熠熠银光，在大地生命进入的梦乡中游走……感觉自己的脚步不再匆促了，对事物的热情也在一点点复苏。这是一种身心的康复！是乡村对城市的慰藉。大都市是一种怎样的存在，身处荒野却不愿回到它舒适的环境去，许多年的生活，留不下可堪记忆与怀念的东西。文明在向着更高级的阶段迈进，似乎人与天地越来越隔膜，田野渐渐被人对象化、符号化了。

一天夜里，在化洲地界的村庄塘根，看到了一条火龙。那是无数大红灯笼组成的人流，村民们高举着灯，抬着神像，吹奏着器乐，从村庄的小路上走过。这是乡村游神，村里过"年例"邀请神灵们光临。茫茫黑暗中一条流动的灯河，颤动、起伏、盘曲，像龙蛇独行，像不可知的世界，神秘之光勾画出大地的肌理。

远处的村庄，一团跳跃的灯火迎在村口。点灯相迎的人都是今年家里添了男丁的人家。队伍一到，他们就加入进来。队伍里所有的灯都是这样，来自一个家族里有男孩出生的人家。这也是传宗接代、香火永续的一种仪式。我悟到了，我正在神灵们的中间，在古老的传统中间，这是石狗保存下来的缘由。礼炮轰鸣，一朵一朵从远处的树林后面升向天空。我身边，一个巨大的宁姓家族正在团聚……

一种久远的幸福感袭过我的全身。我似乎又看到了土著们的生活。尽管村里的人都迁自闽南，几百年来，他们已与这块红土地的神灵融合到了一起，祖祖辈辈的灵魂化作了四野的尘土，从前遥远的生活依然保留到了全球化时代的今天。

在这一时刻，想到都市的那一扇窗口，被无数的窗口所淹没，我常常在高楼下找不到自家的那一扇，我的生活早已被悬置于大地之上。于是，走向黑暗中乡村小道的深处，闻着陌生又熟悉的泥土与野草的气息，内心盈溢了充实又孤寂的情感……

开平，奢华的乡土

一

一段奇异的生活，80 年岁月的遮蔽，早已越出视界。但它顽强存在，确凿无疑。它出现在开平。它用物质的形式不容置疑地证明。这物质既是历史的，也是现实的。一闪念里，一片天空笼罩到了头上。这是一种奇异的感觉，头上的天空仿佛不是现在的，地上的建筑赐予深切的非现实感。

碉楼——一个遗存的庞大建筑群，过去生活的细节，像壁上灰塑，紧随坚硬墙体躲过时间洪流的淘洗，永远如阳光照射现实生活的场景。是错觉吗？ 20 世纪初场景的呈现，虽离不开想象，但我分明嗅到了它某种霉雨季节一样的气息。

两天时间里，我在 20 世纪初建造的碉楼中钻进钻出，爬上爬下。正逢雨季，天空滤下稀薄的光线。碉楼中偷窥一般的我，置身幽暝晦暗中，神思恍惚。

我惊叹将近一个世纪前，广东开平人的生活，曾经与西方靠得那么近。在那个国人穿右衽对襟长袍、裹小脚、戴瓜皮帽的年代，那个戊戌变法闹得沸沸扬扬；北伐军广州聚集，准备向东、向北进军；袁世凯闹着称帝；甚至来自开平的周文雍，也在这样的历史进程中把自己青春年少的生命和爱情带到刑场上……一个事件接着一个事件上演，历史在翻天覆地的变革中趔趄前行，开平人的生活竟然按着自己的逻辑在展开——这几近一个神话——东西方的交流在南方沿海地区，早已达到甚至超过了如今开放的程度。30 年的闭关锁国，30 年的改革开放，只是把人带到 80 年前的一个状态。

今天，房地产商把"罗马家园"、"意大利花园"、"欧洲庭院"等概念在媒体炒得昏天黑地，大江南北那些拙劣模仿的欧式圆柱、拱券，像商标一样成为楼盘的招徕。而碉楼里来自真正西方手笔的多利克、伊奥尼亚、科林斯式柱，各种弧形拱券，已经在这片土地上沉默了将近一个世纪，并且依然在乡村一角放射着光辉——一种真实的东西方文化交融的生活展示。它不比上海滩，或者天津卫，那些租界里由西方人自己建造的洋建筑，它是中国的老百姓自己建造的来自民间的一次建筑实践。它们试图融合的是 20 世纪初中国乡村的生活经验与西方发达国家的时尚趣味。

面对眼前的南海，我怎样理解海洋呢？沿海的概念对我似乎才刚刚建立，在这之前它纯粹是地理的，为什么把外面的世界称作海外，我猛然间有了觉悟。因为靠近海洋，中国沿海与内地，早在 100 多年前，在那场著名的鸦片战争之后，距离就开始拉开了，两种全然不同的生活在中国的版图上展开，渐行渐远。一个海洋在把另一个世界的生活横移过来。中国现代史在南方其实已经发生，历史早已看见了它的端倪。当内地人还在用木制独轮车推着小麦、稻谷，在乡村的小路上吱吱扭扭叫着千年的恓惶，岭南五邑之地已修出了铁路。钢铁巨人一样的火车锐声一吼，奔跑的铁轮把大地震荡得颤抖、倾斜——民间第一条铁路就在这里修建并开通。这一天是 1908 年 5 月 15 日。首段开通的铁路长 59 公里，有 19 个车站，终点站设转车盘，可将机车原地不动旋转 180 度。5 年后建成第二段 50 公里，7 年后建成第三段 28 公里，车站总数达到了 46 个。

浓雾重锁的天空下，想象 20 世纪初开平的历史，梦幻感觉虚化了眼前的景物，钢筋混凝土的高速路像是动漫，高楼大厦是一次一次的投影。

那是一场多么迅疾与猛烈的碰撞，两种文明在这一小片天空下交织、摩擦、激变。当时文字记载的日常生活可摸可触："衣服重番装，饮食重西餐"；"婚姻讲自由，拜跪改鞠躬"（民国时期《开平县志·习尚》）。男人们戴礼帽，穿西装，打领带，脚蹬进口牛皮鞋；抽雪茄，喝咖啡，饮洋酒，吃牛排；出门骑自行车或摩托车。女人们洒喷法国香水，抹"旁氏"面霜，涂英国口红。薄薄的丝袜即使在 20 世纪改革开放的 80 年代初期，也还是城市女人追求的奢侈品，但在 19 世纪末 20 世纪初，"玻璃丝袜"已经是开平乡村女人的日常用品了。用具方面，从暖水瓶、座钟、留声机、收音机、柯达相机、三枪牌单车、风扇、盛佳衣车、打印机，到浴缸、抽水马桶、抽水机，多少年后国人才能见到的东西，那时就成了开平人的日常生活部分。人们见面叫"哈罗"，分手说"拜拜"，称球为"波"，饼干叫"克力架"，奶油叫"忌廉"，夹克叫"机恤"，杂货店叫"士多"，对不起叫"疏哩"……

不可想象，一个军阀割据、列强瓜分、乱象横生的年代，开平人却过起了现代化的奢华生活。"衣食住行无一不资外洋。凡有旧俗，则门户争胜；凡有新

装，则邯郸学步。至少宣统间，中人之家虽年获千金，不能自支矣。""无论男女老幼，都罹奢侈之病。昔日多穿麻布棉服者，今则绫罗绸缎矣；昔日多住茅庐陋巷者，今则高楼大厦矣。至于日用一切物品，无不竞用外洋高价之货。就中妇人衣服，尤极华丽，高裤革履，五色彩线，尤为光煌夺目。甚至村中农丁，且有衣服鞋袜俱穿而牵牛耕种者。至每晨早，潭溪市之大鱼大肉，必争先夺买。买得者视为幸事……其余宴会馈赆，更为数倍之奢侈。"

开平人的生活到了如此奢侈的程度！

人们由俭至奢，巨大的转变，原因何在？

80年，许许多多存在物风尘飘散。尘埃落定，奢华生活遍及各地碉楼的日常用具，却成了今天的巨大疑问，引人去寻觅隐蔽的历史因由，寻找历史在这片土地上发生的惊心动魄的一幕。

二

这一切，由一场悲剧开始。历史躲过了这一幕，没有记载。

非洲黑奴交易举世皆知，成为西方人抹不去的耻辱。中国人被人当"猪仔"卖到西方，却极少被人提及。那也是历史极其悲惨的一幕！

最先，也许是海上的两三条船，船上的渔民突然失踪了。岸上的亲人惊慌、痛哭，以为是海盗干下的伤天害理的勾当。长长的等待，那些海上消失的男人，再也见不到踪影。

接着，沿海乡村的青壮年也被人掳去了。人们这才知道这一切并非海盗所为。渔民是被猪仔头和土匪当奴隶一样赎卖到遥远的美洲大陆去了。

太平洋上，一条孤独的船飘荡着，几十个日出日落，甚至春去了秋来了，船仍在朝着一个大陆的方向张帆远航。路途遥远，令人绝望。容得下300人的船，挤上了600人。船舱内黑暗一片，人挤成了肉堆。空气中腥臭弥漫，船板上饭和咸虾酱都长出了虫子。总是有从舱内抬出的尸体被扔进大海。这已经习以为常

　　了。闷死的，病死的，甚至自杀的，抵达美洲大陆，已有近一半的人葬身鱼腹。

　　当这些被劫被拐被骗的男人，拖着长辫，蓬头垢面，目光呆痴，步履踉跄，踏上一片陌生的大陆时，家乡已经遥不可及了。他们被运到美国、秘鲁、古巴、加拿大、智利等国。巴西的茶工、秘鲁和圭亚那的鸟粪工、古巴的蔗工、美国的筑路工淘金工、哥伦比亚的矿工、巴拿马的运河开挖工、加拿大的筑路工……从此都有了他们的身影。鸦片战争后30多年间，美洲的华工达50万人，仅美国就有25万之多。

　　1851年，维也纳会议废除了"黑奴买卖"。中国人却成了最廉价的替补。"契约华工"（即"猪仔"）名是"自由"身，因雇佣者无需顾及其衣食与生死，比起资本家庄园主的私有财产黑奴来更为悲惨，他们死不足惜，在工头皮鞭下，一天劳动14小时到20小时，报酬却极低。有的地方针对华工定有"十杀令"、"二十杀令"。秘鲁一地，4000华工开采鸟粪，10年之后，生存下来的仅100人。他们死于毒打、疾病、掉落粪坑、自杀……巴拿马运河开掘，又不知有多少华工丧命。加利福尼亚的铁路、古巴的蔗林、檀香山的种植园……都埋下了华工的白骨。

然而，灾难的中国，民不聊生，为求得一条生路，许多人主动踏上了这条不归之路。有的新婚数日即与新娘离别，白发苍苍才回来一聚；有的甚至一去不回。开平有领"蜞蛉子"的风气。"蜞蛉子"即是空房独守的女人领养子女的叫法。

三

在一个开平人的眼里，"金山箱"的魅力像太阳金光四射！开平人的奢侈生活几乎都从这里而来，从这里开始。

这种大木箱，长三四尺，高、宽各约三尺，箱的边角镶包着铁皮，两侧装着

铁环，箱身则打着一排排铆钉，气派非凡。一口箱子要两个人抬，箱子抬到哪一户人家，哪户人家脸上就充满了荣耀的光环！箱子的主人被称作"金山客"。金山客就是当年的猪仔（华工多集中在美国的旧金山，开平人把美国称作金山）。

告老还乡的"金山客"带着"金山箱"，是那时开平人众口相传的盛事。他穿着"三件头"美式西装，站在帆船上，一路驶过潭江，故乡的风吹动着衣襟，像他飘飞的思绪。进入村庄狭窄的河涌，两岸站满的乡亲，盯着船上的金山箱，吆喝、鼓掌、欢笑。金山客这时再也禁不住热泪盈眶，不断向着岸上的乡亲抱拳行礼。中国人所谓的衣锦还乡，这就是最生动的写照。人生的价值和高潮就在这一刻实现。

船靠村边埠头，几十条精壮汉子耀武扬威，抬着几口金山箱，一路吆喝，一路爆竹，走向金山客曾经的家门……

这是多么美好多么令人幻想的事情！一切苦难都在这道华丽的仪式面前化为云烟。人们只把目光与想象投向那一只巨大的木箱。

但是这样的衣锦还乡者与最早当猪仔的华工几乎绝缘。他们之中甚至连侥幸生还者也恐怕极少。他们隔绝在一个个庄园、一座座矿山、一条条铁路上，早已与家乡断绝了联系。直到19世纪末20世纪初，来到美洲的华工才生存了下来，逐渐站稳了脚跟，逐渐有了一点积蓄，他们开洗衣店、餐馆、药铺、服装店，于是，开平出现了银信、汇票，金山客纷纷把自己赚来的血汗钱寄回家乡。

侨乡人的生活开始有了改变。更多的人于是涌向海外。开平一半人走出了家园，几十万人的脚步踏过波涛滚滚的南海，一群又一群的人漂洋过海，忍受了常人不可想象的苦难，走到了60多个国家的土地上。

四

一根高18米、直径30厘米的钢杆，直插向天空。风把钢杆刮得嗡嗡作响。仰头望向尖端，头有些晕眩。这种纯钢制品定制于德国。突然想象一个空间：从欧洲大陆的德国来到开平的乡间。它如何漂洋过海，如何从香港进入开平的河道，如何运抵开平一个偏僻的乡村？这需要怎样的想象力！

为了把钢杆运到正在修建的庭院中，一条宽10米、深3米的人工河流开挖了。多少人肩挑背扛，用整整一年的时间，挖出了一条一公里长的河道。两条钢杆就从河道运到了院子内。水泥（用叫红毛泥桶的木桶盛装）也从太平洋彼岸一桶一桶运来。这是多么富于激情而冲动的一幕！这是衣锦还乡者最极致的表现。历史在想象中展开。人头涌涌的场面于寂静的河面飘动……

这一幕是立园的主人谢维立返乡修建私家花园时的壮举。立园不仅在江门五邑华侨私人建造的园林中堪称一绝，它保存至今，足可与广东的四大名园媲美。立园正门是座牌楼，门顶两边以精致的木棉花和石榴果浮雕作装饰。入园沿人工运河回廊西行便进入碉楼型别墅区。其西面是座大花园，坐北朝南，园林以"立园"、"本立道生"两大牌坊为轴线进行布局。牌坊左右两根圆形的打虎鞭即是远涉重洋而来的钢杆。海外发家的金山伯，要在自己的家乡盖世上最壮观的华宇。谢维立实现了人生的宏愿。

与谢维立相仿的激情与冲动，海外回来的游子，也纷纷在自己的家乡盖起了一栋栋碉楼。有的村庄则集资盖全村人的碉楼。碉楼内中西合璧的装修风行乡里。有的碉楼甚至是在国外请了建筑师设计图纸，拿回当地建造。从古希腊、古罗马建筑，到欧洲中世纪拜占庭、哥特式建筑，再到文艺复兴时期的欧洲建筑，都尽情拿来。风格有基督教、伊斯兰教的，有印度次大陆的，甚至是东南亚的，它们都同一时间出现在开平大地上，像一个万国建筑博览会。各种奇异的组合出现了：廊柱是古罗马式的，燕子窝是英国城堡式的，拱券是伊斯兰教式的，楼顶是拜占庭式的圆顶。罗马式的柱支撑着中式的六角攒尖琉璃瓦亭顶；中式的"喜"、"福"、"寿"、"禄"字形，荷花叶、鸳鸯戏水、龙凤呈祥图案、灰塑，与西洋火船、教堂洋楼的壁画、巴洛克风格的卷草纹一齐壁上争辉；乡间土灶与西式灶具、屯银餐具合为一体……一次国际化的乡土建筑实践在这一小片土地上如火如荼地进行。建筑数量规模堪称一景，现留存下来的碉楼仍达到了1833座之多。

　　开平人的生活一步步由俭至奢转化着。有的人下田耕地，上田听留声机。一个既乡土又全球化的生活在地理偏僻、物质文明却先进的开平发生。

　　碉楼是开平由传统乡村走向现代乡村的一个特殊标志与象征，是一个特定社会和生活的记录与定格。正如一副楹联所写："风同欧美，盛比唐虞。"世界化的开平，乡土化的世界。这一幕，在当时的中国几乎无人知晓。

　　在自力村，发生了一桩运尸事件。与谢维立运钢杆不同，自力村铭石楼的主人从美国运回的是尸体。楼主方润文去世，正逢抗日战争爆发。他的三夫人梁氏将尸体作防腐处理后，放在一具黑色的棺材里，上面盖了透明的玻璃罩。尸体保存13年之久后，1948年，她和子女漂洋过海，经三个月的舟车劳顿，将灵柩运到了开平。方润文的灵柩在百合上船（开平人的习惯，百合上船的是死人，活人则在三埠上船），然后经水路运到犁头咀渡头，再抬回自力村。全村人都为方润文隆重下葬。

　　也许运尸回国的不只铭石楼一家。从死人在百合上船的习惯可以猜想运尸是多么普遍的行为。江门新会黄坑就有一个义冢，2000多个墓穴埋的都是华侨，都是死在海外，因为身边没有亲人，尸体无法运回来。靠了华侨组织，才集中收拾骸骨运回家乡安葬。因此，他们都无名无姓。这种落叶归根的故土意识，与衣锦还乡的人生理想，构成了中国人故土情结的两面，它们互为依托，相互映衬，是国民精神的基本骨架之一。

万里运尸除去夫妻之间的爱与忠诚，那种对于故土的共同认可，那种生死一刻的殷殷期待与郑重嘱咐，那种深入骨髓的乡愁，那种一诺千金的信守，那种千难万难不放弃的毅力和意志，该是多么感人！它可以称得上惊天地、泣鬼神！然而，这又是多么悲壮的精神寄托！

由这样一个一个组合成的庞大集体的回归，在地球上各个角落发生。有的是人的回归，有的是精神的回归，它最终的归宿点只有一个——那就是自己的祖国，自己的故土。人类生存景观中这最独特的迁徙图景只在中华大地上出现。华人有"根"，他们以此与世界上任何一个民族鲜明地区分开来！

五

南方之混乱，在于不断迁徙的人群纷纷落脚于此。为争地盘，械斗常常发生。建筑住宅免不了考虑防御功能。客家人的土楼、围屋，就是最典型的防御性建筑。开平地处珠三角地带，碉楼的功能除了防御，还考虑了防洪。

探究开平碉楼兴起的原因，就像在探究一部开平的近代史。

碉楼兴建离不开金山客源源不断的银信。但采用碉楼的形式，却是由于动乱的社会环境。开平匪患猖獗，他们啸聚山林，杀人越货，进村绑票妇女儿童，甚至占领县城，绑架县长。金山客白天大张旗鼓返乡，到了晚上不得不悄悄躲藏到竹林深沟或亲朋好友家中，像个逃犯。他们明白自己是匪帮口中的肥肉。从一踏入开平地界起，他们的人身安全就受到了威胁。民谣说"一个脚印三个贼"。人们不得不建碉楼自卫。

然而奇怪的是，碉楼兴建的初衷是防匪劫掠，但它却修建得华美张扬，各个不同，都在不遗余力地展示着财富、个性，下面是碉堡一样的防御工事，上面则在高高的塔式楼顶做足了文章，似乎是在招匪上门。奢华用品与枪支弹药同时在碉楼出现。这种相互矛盾，显示的是什么呢？我感觉到的是金山客衣锦还乡的无可抑制的强大心理能量。

金山客想光宗耀祖。乡亲要攀比斗富，讲究排场。朝不保夕动荡不安的生存环境与奢华的生活于是同时出现，一个奇特的社会生态就这样形成了。

开平碉楼大规模出现，建筑者却来自世界各地，他们同时在这里兴建华美的房屋，这样的景观绝无仅有，它是人类社会的一个奇观。中华民族特性在大地上获得了一次生动的表现。华人文化与内在精神投射到了物质上，华人无形的精神之根，变成了有形之根。这是一次大规模集体出走凝固成的永恒风景，一次生命大冒险后的胜利班师。这是反哺，一种生命与土地的神秘联系，一种生命最初情感记忆的铭刻，一种血液一样浓厚的乡愁雕塑。

返乡，以建筑的方式，可守望永远的家园。

六

我想抓住一只手。我像一个侦探，我的视线在这只手掌触摸过的地方停止、摩挲，我知道体温曾在上面温润过这些砖瓦、岩石，但手一松，生命和历史都在同一刻灰飞烟灭。这只先人的手只在意念间一晃而过，碉楼就像一条钢铁的船，向着未来时间的深处沉去。直到与我的视线相碰。我似乎看见那只缩回去的手还在缓缓地划过天空——80年前岁月收藏的天空，也收藏了那一只手。我总是抬头仰望，那里灰蒙一片，积蓄了南方三月最浓密的雨意。雨，却是想象的虚幻，哗啦啦要下的一刻，却变成头顶上掠过的云层。这是岭南独有的春天景象。

在这片中国最南端的土地上，多少次大迁徙后先民最终到达的地方，面朝黄土背朝天的子民总是把故土难离的情结一次又一次带到新的地方新的土地。他们因战乱与灾难，一次又一次背井离乡，向着南方走。于是，岭南有了客家人、广府人、潮汕人，他们都迁徙自中原。到达了南海边，前面没有土地了，抬头是浩瀚的海洋，再也不能南行了。但他们终究也没能停止自己的脚步，许多人远涉重洋，出外谋生，有的在异国他乡扎下根来。

开平的加拿大村，全村人都移民去了加拿大。一座村庄已经空无一人。当年修建村子，金山客专门请了加拿大建筑师做了整体规划，房屋采用棋盘式的排列方式，在1924年至1935年间，这里先后按照主人的喜好建成了一个既统一编排又各户自成一格的、集欧陆风情及中国古典建筑风格于一体的村庄。

碉楼旁。一栋平房的三角门楣上，一片加拿大枫叶的浮雕图案独自鲜红着。静立的罗马云柱，仍然忠诚地坚守在大门两旁。四面的荒草深深地围困着雕梁画栋的屋群。围着村庄走，踩踏过地坪上厚如棉垫的杂草丛，心里，泥土一样深重失落、天际一样苍凉，像历史渗进生活，雾一般虚幻。

你在这样的迷雾中穿越，许多人与你一同前行，但他们在瞬息之间都化成了湿漉漉如雾的感觉。你甚至呼喊的愿望也消失了。你只有听着自己的足音踏响——惟一的真实的正在发生的事实。这是我在加拿大村的感受。甚至在许多碉楼里，我也只是听到自己的足音，碰响了深处寂静的时间。

开平的奢华生活逝去了。风从原野上刮过；云总在风中远去，又在风中到来。

另一种富足的生活呈现出来。21世纪呈现出来。这都是土地上的奇迹。

新与旧　正如钢筋混凝土的楼房与碉楼交织，一种交相纠缠的心情，让人感受生生不息的生命与源源不绝的生存。这源源不绝与海洋深处更辽远的空间联系在了一起，与看不见的滚滚波涛联系在了一起。与我灵魂深处的悸动，与这忙碌奔波的生活，与我脸上的皱纹，甚至手指上小小的指甲尖也联系在了一起。

其实我们只活在历史中。现实是没有的，虚才是实的本质。每时每刻，历史都在我们的脚下生成——你一张嘴、你一迈步就成了历史——它其实是时间，时间一诞生就是历史。另一片天空，另一种生活，遥远而靠近，它一直就与我们相连着，甚至就在我们当下的生活中露出了形影——一个与世界相联通的侨乡，也与从前远涉重洋的历史相连着。

惠能，獦獠的佛性

一个峡谷，一座山，不大的一块坡地；一汪水面，一户或几户人家，像突然冒出来似的——在你眼前那样真切地出现。感觉这些藏在幽静山谷中的人，与这个喧闹的世界并没太大的关系。他们与山水生活在一起。

一群鸭，嘎嘎叫着，在如碧的水面游动着，让人在瞬间便领悟生命的本义应该就是如此悠闲自在的。忙碌，实在是心中欲望折磨的结果。在这样一派沉静的山水面前，它像镜子照出了我生存的窘境。几千年的生活就像滞留在这山谷人家。但只是片刻，这样真实的生存就像画面一样被切换，来不及过多地思索，又是另外的山，另外的人生。快速变化的世界与生活，这是一种象征。

这片山地就在新兴地界，离广州很近，在小车的快速奔跑中，山也在奔跑、旋转。这个午后，这个时刻，云浮、新兴……路牌不断在高速路边出现。公里数是那么精准。我知道到达的时间也是精准的，对于一个朝圣者，这样的时间过于急迫了。

想到1300多年前的行走，那是双脚绕着这样一个山岭、一口水塘地走，一天的路程，在山头回望，依然还能看到拂晓出发的地方，在南方淡淡的白雾中变得幽蓝。一个樵夫，突然要学习佛法，丢下孤零零的母亲，就沿着这样有些妩媚的葱茏山岭，一路走远。他在长达一个月的步行中，内心是逐渐打开还是愈来愈紧闭？这样的山水与人家，长途跋涉中是这个世界的全部，而不是另一种生存的背景。这让他能够面对自己的内心，做到行与知的一致。不像现代都市人，在内心与生存方式上挣扎，行与知不得不因物欲的炽烈而背离。

　　30多年前，我第一次走进山中，红色的山泥与翠绿色的树木，形成阻隔，也形成或粗犷或幽深的风景。天空不像平原那样占据视野，几乎意识不到它的存在。房屋皆隐匿于山间，生活也被分隔、掩藏。随着行走或攀登的脚步，不断有新的景色与人家出现，这些新发现像捉迷藏，永远指向无尽的山的深处。直到我分不清来路，迷失了方向，我所看到的也不过三四个村庄，几十户人家。只有沿着山路，由它引领我穿行。

　　用人的脚步丈量的世界是如此浩渺而广大，许多遥不可及的远方，充满着神秘，像远处淡蓝色的山岚。仅是这些低矮的丘陵，对于一个平原长大的孩子已是一个新奇的陌生的世界。跑过千山万水，一切皆为平淡之后，这些南方低矮的山地带上了故土的温情，它象征了宁静、安详，也象征了无欲的、温馨的生活。生活的节奏只依日出日落与季候的轮回，这是天地间的节奏。这样的生活与佛和道离得很近，在这样的山水之中悟道、参禅，才易得天地真意。

　　研究山的表情，是耐人寻味的。表面是审美，如湘西山水的空灵，北方山水的粗犷，西部山水的苍凉，但细究，它内里却是精神，是人血脉里的文化趣味。这种表与里的关系，人与水土的关系，隐秘而恒定。新兴的山岭不连绵，却一座座层出不尽。它们绿得像被阳光洗濯过，那么鲜明不含蓄的绿，是强盛的，信心十足的，看得到蓬勃的生长。那么蓝的天，红的土，强烈的阳光，一种原色般真实的生活，都是属于这片土地的。这简直就是土著们的生活。这样的山林与那个创立禅宗的佛祖该如何联系？

　　岭南，百越族獠、猺、獠、獞、獛……如此被中原充满蔑视的命名，他们却是自得化外之乐的族群，一道南岭之隔，就是两重天地，像疯长的荔枝林、芭蕉林、椰林、榕树，还有亚热带许多肥大枝叶的植物，都在水汽蒸腾的空气里四季常青，覆过大小山岭。湿溽烟瘴之地，那是中原人的陋见。汉人偶尔出现在这片土地，几乎都是朝廷所弃的人，或者是战乱逃离故土的人，他们孤独的身影晃过浓密的树丛，许多年也不会懂得土语。他们隐蔽得如此之深，谁也不会知道他们的过去，他们会常常想念起南岭之北的寒流，那树木落叶纷纷的情景再也不会显

现于大地了。

　　惠能的父亲卢行瑫是河北涿州人，流放到被诗人王维称之为"蛮貊之乡"的新兴夏卢村，编籍入户，与俚、僚为邻。他在惠能三岁时就郁郁辞世了。母子俩艰辛贫乏于市卖柴，又受邻里欺负，只得搬至一公里外的小山上独自居住。他们垦荒种荔、种木薯，惠能天天上寺田坑、龙山砍柴，在山上一处泉水边洗浴，整日只与山林鸟兽为伍。但他天生一颗善心，对世间万物充满悲悯情怀，对那些遇到困难的过路之人倾力相助。一颗心灵竟是由这片山水点化。也许，在某些黄昏，看到那长河边的落日，或者某个早晨，看到太阳从山的那面升起来，惠能会驻足相望，总有天地间一种宏大的精神在心灵间引发共鸣。或者是暧昧而隐秘的心绪，让人远离世俗的烟火，想一想人之为人的问题。一天学也没上过的惠能，因为卖柴听客诵经，一闻经语，心即开悟。惠能听到的是《金刚经》中的："凡所有相皆是虚妄，应无所住而生其心"。这是令人精神为之一凛的醒世之言！在樵夫与这样的顿悟间，距离何其之巨，足证佛性人与人本是一样的，真正是见自本性。这一颗参悟生命、神游天地的心灵，自是这片山水的浸淫与孕育。一个樵夫整日想到的如果只是木头，经语于他如同无语。

因为这一句经语，他走上了去蕲州黄梅的路途，他要离开自己生活了24年的故土，离开寡居山林的母亲，态度那么决绝！

那条脚下的山路，那土著人獦獠的屋舍，炊烟袅袅，那是多么宁静而迷恋的时光。山水真意，因为他的这一去，会在许多年后许多文人的笔下呈现出无穷的禅意。

他是多么低微的人，千里跋涉，到了黄梅，只有到后院去破柴踏碓，腰石舂米。又被五祖唤作獦獠，差点拒之门外，他对五祖弘忍说："人虽有南北，佛性本无南北，獦獠身与和尚不同，佛性有何差别。"这是惠能一生坚持的理念与立场，佛性即人性，惠能显然让弘忍感到震动。他当然不会为难这样一个充满悟性的人。但弘忍对岭南都怀有如此偏见，何况常人。那些百越族的文化又怎能为中原人所接受？！

中国佛教戏剧性转折的一幕全在惠能的这一偈："菩提本无树，明镜亦非台；本来无一物，何处惹尘埃。"他改神秀的偈："身是菩提树，心如明镜台，时时勤拂拭，勿使惹尘埃。"由地到天，这是真正天人合一的大境界！这一偈从这一刻开始，千年传颂。五祖弘忍看到这一偈，把自己的衣钵于半夜三更时分悄悄传给了这样一个没有读过书的岭南獦獠，在他秘围的袈裟里，一个不识字的樵夫听五祖解说《金刚经》，这一夜，樵夫成了中国佛教的第六代佛祖。这是何等的胆识与眼光！惠能几乎是潜逃一样于黑夜中登上渡船，向着南方星夜兼程。佛门衣钵争夺掀动巨浪，多少代过去仍然余波未了。

中国人崇山敬水，对自然膜拜，孕育出了天人合一的精神追求，到六祖，终于升华到了佛教的层面。中国佛教学的主体南禅宗也因这一偈而问世了。它上接庄子的道学，庄子的《逍遥游》，庄子悼妻时的鼓盆而歌，就是这超然物外、万物为一的思想。陶渊明写下"采菊东篱下，悠然见南山……此中有真意，欲辩已忘言"，闪烁的也是这样的智慧光芒。惠能之后，王维更成为一代禅诗大师，他的"明月松间照，青泉石上流"，"行到水穷处，坐看云起时"，让天地充满了无言的超拔之境。王籍写"蝉噪林愈静，鸟鸣山更幽"，赋予静深深的禅宗意味。中国艺术的意境——主观与山水自然相遇的诗意境界——到了不能言的高度。中国人重视诗教，对一个不信教的民族，诗中含有的精神境界，就成了中国人的宗教。

释迦牟尼佛曾在灵山会上拈花示众，百万弟子不能达其佛意，唯独金色头陀破颜为笑。世尊的实相无相、不立文字、教外别传，在惠能的身上得到了发挥，这一粒拈花的种子，在惠能身上结出了中国土地上的果子。

一个平民出身的佛祖，惠能毫不迟疑提出了佛就在心中，人人皆可成佛的观点。在佛性上，人人都是平等的。佛教不是贵族和富人的特权。佛教也不需要用僧人那么严苛的方式修行学佛，对没有条件修行的普罗大众，惠能告诉他们："心平何须持戒，行直何用修禅"，自由任远的生活方式也是可以达到学佛目的的。惠能看重的是立足现实的人间生活，在日常生活中明心见性，于当下顿悟成佛。他创立的是人间佛教，普通人的行住坐卧、人伦日常、吃饭穿衣、担水砍柴，乃至尊老爱幼，都是可行的。他一再宣扬："佛法在世间，不离世间觉，离世觅菩提，恰如求兔角。"

惠能生活的年代是佛教在中国最昌盛的时期，玄奘取经归来，广事译述，学说众多，义学繁兴。这些繁荣佛学之举，却使许多人丧失了哲人之慧，变成经师之学，无法解决人的自他对立、染净对立、生佛对立。一个不识字的人要学佛，岂非天方夜谭？惠能恰在这时站出来，旗帜鲜明地提出：菩提自性；本来清净；但用此心，直了成佛。一切万法，不离自性。无念为宗，无相为体，无住为本。顿悟成佛。

佛教从此成为世俗的、平民的宗教，平等、自由的精神在佛教中出现了。1300年后，孙中山提出三民主义：民族、民权、民生，这样的精神在岭南竟是一脉的。

这片山水孕育了怎样的精神？这样自由率性，这样质朴务实，平凡庸常，远离儒家的等级、礼仪、孝悌……人不是为等级、制度而活的，人是为着自由生活

而活，如自然生态，自由生息自由来去，像岭南树木一样任性生长。

新兴，古代新州，岭南名郡，一个瑶民、壮民的"瑶獠杂居之地"。皇上常常威胁大臣："复有敢为者，当处以新州"。新州的名字让臣子们胆战心惊。当年卢行瑶流放这里，是人生多么沉痛的打击！山遥水远来这里的人，没有谁还会有什么优越感了，也不会再生什么等级观念了。他们反倒活得率真、无欲。这时的山水是清新无念的，一派纯自然的葱茏妩媚。天空中有来自大海的浮云，大片大片掠过头顶，常让人抬起头来想象一下远方。偏远之地，又被重重山岭围绕，天下事莫过于家事了。

在精准的时间里，我来到了新兴六祖镇的国恩寺。这是惠能在此弘法、示寂的地方，中国第一本佛经《六祖法宝坛经》也在此辑录。我以为第一个用国字命名的寺庙，女皇武则天亲笔书写匾额，寺院一定布局壮观，雕梁画栋。从浓密的树荫下向着一口水塘边走去，高高的菩提树下，想不到山门由一侧台阶而上，倒似私家院落。天王殿、大雄宝殿、六祖殿，以及左右两侧的地藏王殿、达摩殿、大势智殿、钟楼、禅房……都似岭南民居，那么小而质朴，青砖的山墙，灰塑砖雕的屋脊，青色的瓦，与缓缓上升的山坡地，那在梯级间围出的逼仄院子，天井一样，散发家常的气息。这样的殿堂一代一代，竟是由许多个朝代的官民、绅士、名士出资兴建，不断地重修与扩建渐成今日的规模。

拾级而上，在六祖宝殿，佛像两旁，左侧供奉着惠能父母的牌位，右面一位卧着的塑像，是当年传说为惠能家看风水的国师徐东风。他寻龙追穴长途跋涉而来，已是穷困潦倒，是惠能母子热情款待，让他感动，以龙脉结穴之地相报，把惠能父亲的骨骸安葬其中，以求万年香火。如此堂皇的庙宇，竟然供着父母牌位与风水先生，这岂不成了家庙祠堂了？！走过如此多的地方，从没见过如此私人化的、人伦的、世俗味重的寺庙！这也许是僻地不讲规矩、眼里只有日常生活而无等级尊卑之别的獦獠所为吧，人与佛为何就不能相处一室呢？众生平等，这倒合符了惠能的思想。只是站在庄严的佛像面前，这一幕实在让人瞠目！神性与人性竟然同处一堂，接受信众的朝拜。这在佛教史上也是个例外吧。也许，当年同为中原落难人，困顿里的恩义，相互的施与受，特殊的情义，当用一生来念想，用供奉这样的方式来回报。

国恩寺周围，都是惠能一家生活的地方：左侧有惠能父母之墓，寺后有惠能洗浴的泉水；寺右，有惠能种植的荔枝树。一个世俗之人，与一个佛教六祖，甚至五祖所传的衣钵，同时呈现在这一个地方。他的一生，贫苦与传奇展示无遗。

这就是化外之境的岭南吧！尽管那些瑶獠早已从这里被中原一代代移民挤到了东南亚，但原始的充满烟火味的生活仍然缭绕山地，神圣与崇高、形而上的精神诉求与终极价值的追问在这里仍然缺如。这是因为这片山岭没有苍凉与空灵，没有无边落木萧萧下，只有艳丽的绿色长满了四季？还是南岭之隔，土著们的文化远离庙堂，天然地具有了人性的、人情的温暖？生命不分季节的滋生蔓长，反倒没有了沉思的品质。当五祖所传的衣钵在寺庙报恩塔边出土时，这一佛教的重大发现，相隔1300多年重见天日的舍利子，竟然也没有引起应有的轰动！

山无语，水喧腾，一重一重山峦憩着团团的白云。问人，并不知山名、水名。夏卢村惠能故居，一座村里人自己用钢筋水泥建起的房屋，俗不可耐的建筑，挤压尽了六祖年少的一点点念想。

晚上，囯恩寺附近的温泉宾馆，水泥的楼房，炎热的空气，路灯外，黑暗的天与地，躁动不宁的景致。外面行人稀少。一个人在房间打开电视，来自世界各个地方的画面一个一个切换着，传递着或悲伤或快乐或无谓的信息，这些真实却是虚拟的现实，让人昏昏欲睡。这么多的痛苦纠结，这么多心灵的挣扎，欲望如染的世界，谁人在寻求人生的顿悟？在这片惠能卖柴走过的地方，时间都与金钱画上了等号。

大鹏，海滨所城

一

千户是明朝的官衔，属于军队中一个领导 1000 人马的低级军官。600 多年前，一个名不见经传的千户，没被时间抹去，藏在一个狭小范围的文字里，与今天的人相遇。这也算得上一个奇迹。

尽管我望向时间深处的目光恍惚得虚无，但这个人是真实的。他名叫张斌。他劳动的成果，他生活的场景仍在眼前呈现着，一眼望去，600 年前的一桩事情仿佛刚刚过去，转身的背影在某个清早的晨雾里淡去，脚步的寂静，喊声的空洞，大地上无形的疲倦……都在一座旧城里隐匿。

张斌干的事情就是领着一队人马建起一座城池。谁也想不到，这座城池保存到了今天。

相遇旧城，我开始了对张斌的寻觅。各种纸面记载，网络虚拟世界里的信息海洋，关于他的消息却只是干巴巴的几句。

然而，通过张斌，一项巨大的令人意想不到的事件浮现出来了——当发现这一秘密时，我不能不震惊！血在某一瞬间凝固——在南方，一个数万人甚至几十万人参与的伟大工程，同时在一千里的荒无人烟的海岸线上展开！南蛮绝地，却轻易地将这一壮举遗忘了！

站在大鹏所城城墙前，心里念着张斌这个名字，感觉区隔、窖藏世间一切事物的时间，突然变得像现代的黏合剂，朝代的裂隙被粘合了——历史像是一个人的回忆。这个叫张斌的人并没远去——

明朝洪武二十七年，也许是八月的一天，火辣辣的阳光，照得天地亮晃晃，酷热难当。张斌就是在这样的时刻带着一队人马，从南头乌石渡启程去大鹏岭。如果从海上乘船，要走两天，走陆路则时间更长，须经过大梅沙尖、小梅沙尖、九顿岭等高山峻岭，沿路古木参天，那些疯长的榕树、芭蕉、木棉，阻挡着去路。威猛的食肉动物吼声从远远的山坡传来，而沉默的动物如蟒蛇则只在密集的树木后，死死盯着你。南海亚热带边地，你尽可以想象遮天蔽日的林木张狂地挤压着空间。原始的植被绿得森然、凄然。

张斌在某一个高地望见了大海，他也许并不在意。海是身边的事物，甚至是被迫接受的事物。想象一下他的面庞、表情，甚至他的身高，对一个几百年前的人也许并无意义，不如一个千户的官职来得具体和重要。他归于尘土的躯体早已远离了死亡，甚至他的性情，也如荒凉的野草一样无关这个世界的痛痒。物质世界，生生灭灭，忽为人形，忽作尘埃，生命如大地之梦。只有面前的海岸线是恒定的绵长。只有前去做的这桩事情，穿越了时空，呈现了某种永恒的品质。

那时，一个新政权刚推翻了一个旧政权，广东是南方最后归降的地区。然而，海上并不安宁。南海奸宄出没，那些被追捕的海上疍户，附居海岛，遇到官军追捕，则诡称是捕鱼的；遇到倭贼就加入他们的行列，像台风一样向着陆地的某个地方袭击。他们以海为家，流动不居，飘忽无常。倭寇到这个地区已经有 14 年了。那些南北朝混战中失败的日本武士，纠结土豪、奸商、流氓、海盗，来中国海岸走私、烧杀劫掠。这片荒凉绝地就是这些倭寇的藏身之所。

张斌望向大海的目光并不因辽阔而生舒坦，在脚下翻腾的波浪里，有一丝惊疑阴翳般闪过。他走在南中国的海岸线上，他正要做的就是明朝开国皇帝朱元璋的一项春秋大业——也许连朱皇帝自己也没想到，从这时开始，他在实施一项前无古人的围困自己的计划——修建长城，而这长城首先是从海上开始的。张斌与数以万计的军士和百姓加入了这海上长城的修筑。

广东境内沿着曲折的海岸，朱元璋设置了广州卫、潮州卫、南海卫、碣石卫等9卫29所。在张斌上路的同时，这条还算平直的海岸线上，许多个他这样级别的武官也在上路，民工们浩浩荡荡向着海边聚集，他们的任务就是修建海滨城堡与烟墩——平海所城、东莞所城、青蓝所城、惠州所城、双鱼所城、海丰所城、宁川所城、甲子门所城、捷径所城、河源所城、南山所城、大鹏所城——它们都在1394年同时动工。张斌领命修筑的是大鹏所城。

赤贫出身的皇帝，梦想着"鸡犬之声相闻，老死不相往来"的简朴农业社会。他甚至想废除货币和商品交易：明朝每户人家要承担实物税和徭役，这徭役很可能就是从千里之外押运征收的几百块城砖或几千张纸，从水路或是陆路运抵南京。建南京城墙时，每一块城砖都是从全国各地烧制好后运来的。轮到这一任务的家庭，只能与当年的朱元璋一样陷入赤贫。军队也是这样，实行卫所制，官兵在驻地自耕自食，亦农亦兵。

梦想不过是人的妄念，然而一旦付诸现实，美好往往走向它的反面，再也生发不出它的色泽。皇帝的权柄转动，海禁就是"鸡犬之声相闻，老死不相往来"最好的注脚，这一法令从南京迅速传遍了中国的漫长海岸线。倭寇本已成患，与一个物资贫乏的岛国日本断绝了贸易，他们的刁民盗贼便更加疯狂地赴中国沿海烧杀劫掠。

这段路车马难行，如天气晴好，最快8天到达。张斌在这溽热天气里，走得大汗淋漓，越往前人烟越稀疏，不时从腥咸的风中飘来大海的涛声，也显得这样的寂寥。

一到大鹏半岛，张斌就忙着勘察地形，最初选址在大鹏半岛最南端的南澳镇西涌海边。于是，一队队兵丁开始在这里安营扎寨，被动员来的百姓也纷纷伐木搭棚。难见人烟的半岛上，升起了滚滚浓烟，那些砖瓦窑前，红泥一地，堆满了山上砍来的树枝，红色粘土做的砖瓦一排排如列队的军士，熊熊火焰从一条条窄长的门洞透出橘红色光芒，映亮了官兵百姓们黧黑的脸庞。

三个月，城墙开始从大地上站立起来。这时，寇盗骚动起来了，像海潮一样袭来，官兵们不得不停下砌刀，拿起刀枪，投入一场场围剿的血战。

　　窑火再度升起来时，一切又都重来。张斌也许犯了一个选址不当的错误，城堡不得不在另一个地方重建。当一座占地 11 万平方米的城池在大鹏山麓建起来时，它的规模是那样宏伟：平面呈方形布局，城墙由麻石和青砖砌成，墙基宽 5 米、墙宽 2 米、高 6 米，城墙总长约 1200 米，城墙上有雉堞 654 个，并辟有马道，有东、西、南、北四个城门，每个城门上有一座敌楼，两边设四个警铺。城外东南西三面环绕着一条深 3 米、宽 5 米的护城河，而城内建起了南门街、东门街和正街三条主要街道。

　　张斌的任务完成得十分出色。

二

一座军事化的城堡出现了街道，这是不寻常的。城墙是一种战争行为，街道却是生活的场地，两者奇妙地结合，在空间上呈现了明朝一种特殊的军队制度——卫所制。

"卫"、"所"是基层军事单位，军队军官世袭，称"世官"。军士也世袭。他们兵农合一，既当兵又种田。军士和家属有特殊的社会身份，有专门的军籍，由五军都督府直接管理。

刚刚建立的明朝，改朝换代的战争打得国家千疮百孔，朱元璋无力筹措庞大军队的粮饷，于是，边军三分守城，七分屯田，国家供给土地、耕牛、种子、农具。军粮、官兵俸禄就靠田里的收入了。城堡既是军事堡垒，也是一座生活之城。正是这样，有的卫所如威海卫、天津卫、海参卫，后来慢慢衍变成了一座座生活的城市。

大鹏所城四周地势险要，临海处又设置了 11 处烟墩。这些烟墩就是北方长城的烽火台，圆台形砖土结构，台底直径 10 米，上部有一直径 2 米多的圆坑，西北向一米的缺口作为风门。发现敌情，白天以烟传讯，夜晚以火光报警。大坑烟墩至今保存完好，它南临大亚湾海滨，东北为大亚湾核电站。墩台筑于高约百米的山冈上，可观察整个龙歧澳。

城堡、烟墩沿岭南海岸线一路北上，直到北方的灵山卫、威海卫、天津卫、海参卫……海上"长城"就这样一座连一座建成了。

海上似乎可以太平了。经过与北元几次大的战役，蒙元的兵马被赶到了大漠深处。这时，朱元璋想到了北面的长城。这是他桃源梦的重要部分，他决心重新修建它。

从海上长城的山海关开始，朱元璋把长城修到了居庸关。他的子孙则用了将近 200 年的时间，一直把长城修到了嘉峪关，长度达到 13000 多里。甚至，在湘西苗族人的崇山峻岭中，明朝也建起了南方长城。一道城墙，把苗人分为"生苗"与"熟苗"。

农民出身的朱元璋，管理国家就像一个土地主，他把地主看家护院的心理表现到了极致：一道连着一道的城墙，把一个庞大的帝国圈起来了。他居住在宫殿的中央，像一个十足的守财奴。他再也不愿去分清倭寇与那些被海禁断了生计而当上海盗的渔民。防御倭寇也许就是他实行海禁的一个绝好的借口吧。

三

张斌踏着明朝的时间而来，做着看家护院的差事。旧的阳光，在600年前的岁月里照耀着，这阳光是属于南蛮绝地的阳光，与寂寞与杀戮一样，也属于张斌。在这海边只闻涛声的寂寞时光里，张斌做梦也不会去想，有朝一日，这样的边地，也可以繁华如京都，那曲折起伏的小道会变成高速公路，箭一样穿透这一空间。现在，他死去，尸骨化作了尘泥。但600年前的阳光下，我们也死去了——因为那个世界没有我们，我们在尘土中安宁如磐。张斌建的城池，来到了现在的世界，他又走进了人群的生活与记忆。

建在深圳龙岗区的大鹏所城被保护起来了。来这里参观的人越来越多。红男绿女，开着宝马、凌志、雅阁，轻轻一踩油门就到了。他们戴着太阳帽、墨镜，挎着数码相机，指指点点，带着现代人的优越。

朱元璋把贸易视作洪水猛兽，而今天正是这猛兽一样的贸易带来了洪水般的财富。一个商业的社会，一个以市场经济为标记的年代，把大鹏所城之地作为特区，只用30年的时间就建成了一座影响世界的大都市。它再用这座600年古城的名字，称作鹏城，想要嫁接历史。

取名者也许没想到他具有反讽的天才，同一个名字两座城池，一座是明朝为闭关锁国而建的，一座却是为打开国门，为开放而建的。面对南海，朱元璋以片甲不得下海的禁令，让波涛翻腾不息的大海洋变成一片死海。而深圳，却让这片大海运载来了滚滚财富。600年，中国人真正看到了大海！

这期间，郑和七下西洋，他的船队就从这座古城不远的海面驶过并停泊过，他看到了海洋的辽阔、伟大，但沿岸一座座兵营城堡，这些农民的子弟，把刀枪指向海洋，就已经注定了他船队的短命。

大海又沉寂了100多年，从地球另一面的大海洋驶来了一支葡萄牙人的船队，他们在屯门试探性登陆时，遭到了中国军队的打击。大鹏所城的军士参加了第一次对西方人的战斗。葡萄牙人于是改变策略，他们在澳门半岛悄悄登陆，借口贡物打湿需要上岸翻晒，租借海岛一用。

南蛮绝地，谁也不在意之中，一座魔术一般繁华的城市澳门建起来了。

大鹏所城的军士们仍然住在自己的城堡里面，白天外出种地，夜里持刀枪巡逻。当然，远在天边的船只还是有的，那些装着丝绸、瓷器的商船，偶尔驶过，白帆一点，羽毛一片，于浪尖风口上行走。许多时候，这些飘扬的风帆是由官方控制的贸易。作为国策，海洋是被封锁的。一条海上丝绸之路，在大陆目光难企的大海中，白帆一闪就被波浪抹去了航行的踪迹。

又是200多年过去，与大鹏所城相距只有几十里的尖沙咀，英国人的舰队出现了。这一次，来者不善，海上的战争无可避免，东西方第一次海战在此打响。

带头反击入侵的一位将军赖恩爵，是大鹏所城人，军人的后代。赖氏满门英雄，三代出了五位将军。九龙海战，恶战5个小时，他竟然靠智慧打退了英国的洋船洋炮，逼使殖民者狼狈逃窜。

1997年7月1日香港回归，赖氏后人燃放爆竹时，喜极而泣，跪在祖堂前，喃喃告慰先人：《南京条约》已洗雪了，今天这一个日子终于可以还报祖愿了。

大鹏所城历经了如此之多的世界性大事，它仍然在大地上矗立。

古城人经历了如此多的朝代更替，而守土有责的精神也留在了城堡之中，像古榕树一般根深叶茂，逾600年而不易。这是人类精神的一个奇迹！

四

张斌搬动过的青砖与麻石在这里沉默了6个世纪。张斌站在6米高的城墙上张眼望向大海，这个令人兴奋的高度还在，只是他的目光没有了，换上了我的目光。我感觉到我在重复他眺望的动作，就像我代替他活在这个世上。他那个时候这么年轻，血气方刚，皮肤下蓝血管暴凸，血液喧腾，劳动起来，健步如飞。他不会想自己也会成为先人。谁年轻的时候也不会想祖先与自己有什么关系。张斌仿佛一瞬之间就成为了遥远的祖先。洪荒世界，600年也仅是瞬息即逝。

古城在，这个朝代就在，大地上留下了它的空间。进入这个空间，就进入了我们身体内的明朝。

我爬上北面的一座山头，远远地打量着古城，南风习习，大地葱茏，时间又回到了从前。城墙山下矗立，我看到一个封闭的空间，对外，它用大门打开自己，与东南西北荒野连通并以自己的气势制约着周边的连绵山岭、浩荡海洋；对内，它的城墙之后是街墙，街墙之后是院墙，院墙之后是门墙，密密麻麻，一步一步走向私密的空间，甚至没有窗户，它们都开向了院内。没有人面桃花的惊喜，甚至也没有红杏出墙的绯闻，一切生活的秩序都由建筑规范着，井然之中显现的是宗法的肃然，无人敢于挑战。人面对旷野而起的野心，在这个局促的小小空间里消失殆尽。每个人看到的只是自己的生活，集体的困顿、枯燥转变成个人的处境。怀念、梦想、欲望和不甘也在这小小空间里转寰。城堡与居所，犹如大国与寡民，是一种空间生态，也是一种政治生态。

白天，一道一道大门在吱呀声中打开，一个个军士走出家门，进入公共的空间，成为一支队伍，成为城堡里面生发出来的气与势。晚上，一道一道大门又在吱呀声中关闭，一队队巡逻的军士分散开来，走到了一扇扇门后，进入他们私密的空间。这空间里有爱情、亲情、性，有柴米油盐，有苦乐年华。关闭城门的城堡就是一只睡去的巨兽，像泄了气的皮球，软绵绵卧在大地上。

门的启合有着自己时间的节律。时间在古城是能够倾听的，它是城堡向山河

海洋发出的声音——钟与鼓。鼓如果是私人的时间，它在城楼之上，那么钟就是公共的时间，它在寺庙里面。皇帝当过小沙弥，他自然热衷于建寺院，城堡也不能例外。城堡里缭绕的香火常常与南方的雾混在了一起。大鹏所城现在还保存了侯王庙、天后宫、赵公祠。从寺庙里传出来的钟声总是阳光一样悦耳，新一天的开始是充满锐气的，是沉厚的、公共的。鲜红如血的霞光正在东方喷薄。钟声嘹亮、振荡，充满朝露一样的清新、喜悦，也充满了人间烟火味。

　　而城楼上，当那轮由白转红的太阳欲向茫茫大海沉落，总有一双有力的手臂攥紧了桃木的鼓槌，一下一下抡起，鼓点就在这一起一落间响起，像撕裂了沉默，又像绷紧的心弦在刹那间放下，在鼓声掀动的空气里，那黑压压密麻麻的瓦屋顶掠过一片灰色的暗影，那是天地进入沉寂的前奏。而当更鼓一次次响起，人们知道那是在为他们打开一个又一个梦的通道。夜的安谧、恬静全在那不急不缓的鼓点里，尘土一样沉沉落下，恍如时间的迟滞。

大鹏所域却是寂寞的，位于半岛边地，经常的访客只有风。最激越的时候就是从海上恶魇一样漂来的战争。大海上来的风，既有温柔轻快的，又有狂暴猛烈的。咸腥的气息总带来海的体味，某个清晨或者黄昏刺人鼻息，某个时刻又让人与不祥相连。海在中国人的集体记忆里总是充满了恐惧。它与西部大漠一样，是大陆中央的人想极力遗忘的部分。小农经济，农耕文明，养成了中国人强烈的家园意识，对大海、大漠波动不安、飘忽不定的环境，是那么陌生与抗拒。

高耸的戍堡，代表的就是大陆与海洋的一种对峙。

风做了戍堡与大海沟通的使者。它让城堡内的房屋建得低矮，体量一点一点缩小。这些来自江南与北方的军士，学会了如何让瓦片紧紧连接，砖与砖重重叠压，让墙壁与窗户的比例调整到恰当的尺度。

窄街小巷，小门小窗小院，挤的不仅是身体，也让语言与语言挤在一起，天南地北的人，南腔北调，都在这窄街小巷里彼此调适，于是一种属于沿海所城特有的语言——军话——生长出来了。城墙就像一个瓦罐，盛着这语言的水，传递过时间的门槛，不外溢，也不灌入，海一样不枯不盈。

城墙内外的榕树、木棉、杨柳……它们或高高升向天空，或左右横生，四季里都在绿着、生长着。这让经历惯了北方冬季的军士很不习惯，常常梦见凛冽的寒风与光秃秃的枝条，以及春天来临时那最早吐出新绿的惊喜。这些看似孤立的事物，地底之下早已根系相连。它们得紧紧抓住大地，才不会被狂暴的台风连根拔起。军士们的命运与树木也是一样的。在猖獗的倭寇面前，城墙就是他们与大地相连的根，只有伸展出又长又高的墙壁，才不会被海上来的盗寇当做树木一样拔掉。

五

大鹏所城终究没有被海盗倭寇所灭，也没有被时间抹去。岭南沿海的城堡在岁月中一座一座败去时，大鹏所城却不败。它不败的原因不是城墙而是精神，这是时间开放出的花束，是穿越朝代的永续之力。

明朝军士世袭制，已经内化成古城人的一种精神。世袭制犹如滚动的车轮，别人无法进入，自己也难以出来，恰如血脉、传统，当兵成了天职，代代相传，跨越了朝代，直至今天。

另一座留存下来的城堡平海所城，离它200里，它悄悄融入了四方客商，成为一座商城。它因商而留存，就如山东烟台市，以前不过是一座烽火台。这些是一座城市生存最隐秘的血液。

四月，暴雨说来就来，连天雨水倾盆而下，水的响声盈溢天地，瀑布在所有高耸的平面上悬挂。海面上白茫茫一片，陆地上也茫茫然白，如纱如烟。这是来自南海的雨水。

春天，总是在这样的雨水中上路，心事茫茫，汪洋一片都不见，知向谁边？

大亚湾核电站宾馆只在转身间就隐没于雨帘，一条柏油路在山边林间穿行，只有轮下的路是黑色的。海在猛然间出现又消失，像突然的念头一个又一个。大鹏所城在暴雨中出现时，我侧脸注视着它，它就像一场雨里出现的事物，以朦胧又暗重的面目与我道别。洞开的城门，像一个时间的缺口，引诱我散乱无绪的联想。

小车奔跑着，像在水中泅渡。

澳门门

天性中怀着诗人的冲动和想象，喜欢天南地北地跑。有一年冬天，我突然跑到了南方，跑到了澳门海关。一栋白墙黄瓦的海关大楼，远远地出现在我的视野里，看着它，我那双大地上四处自由走动的脚渐渐慢了下来，最后不得不止步——我盯住了一个地方——拱北，因为那里站着荷枪实弹的军人，有一堵普通但显现着威严的门。它的后面就是我不可踏足的澳门。

金黄一片的大瓦顶刺痛我的眼睛，我的眼睛早习惯了江南的青色瓦屋。金黄色的屋顶让人不能安详。它让沉静的屋宇变得动荡不安。广场上，腥咸湿润的风在阳光里像水一样荡漾，清新又陌生的气息，感觉海出现在呼吸里，出现在触觉上。有一种伤害与痛，随着血液在全身弥漫，雾瘴一样。这是我从未体验过的情感。是澳门显现了它冷铁一样的威严？我在止步间体悟自由与平等的滋味，体味一个人的卑微，不再只是文字上的含义。

在珠海湾仔码头，我登上了一艘白色游轮，开始了水上绕行澳门的游览。南中国海上的太阳温暖而灿烂。我伸长了脖子，像一个窥探者，想看清澳门不一样的生活，看清澳门资本主义世界的模样。宽阔的海面，朦胧的景象：一部四维电影——真实又清晰的一个幻境。

殖民地的历史早已终结，中国的土地上却还竖立着澳门与香港这样的大门。这是一个国家洞开在另一个国家的门。在深圳中英街，哪怕只有一个水泥桩的界碑，位于香港一侧的商店，在里面你只能偷偷望一望店铺后面洞开的门，看见门后的路面与山水无遮无拦且并无异样，看见那些穿着打扮与自己不同的人，走来走去，看见穿着制服带着警棍的人在巡逻……在店里，我目光躲闪，害怕别人看见，怀疑有逃港嫌疑。

那时的南方，我看到的是门的阻隔，门的限制，体验了门给一个国家带来的疼痛，给我带来的屈辱。

港澳通行证与护照十分相似，一为深蓝，一为深红，只有颜色的区分明显。几年后，终于可以凭着它踏进这道门了。殖民地的历史也从那一天的交接仪式后从现实世界走向了终结。

第一次走进拱北这栋体量庞大的海关大楼，我才知道里面的门如此之多！从进大楼的门到验证的门，再到出大楼的门，经过一片空地，进入澳门海关大楼，又是同样的一道道门。走过这片直线距离不过百米的地方，突然间就有了十分遥远的感觉。在所有的门为我打开之后，一个广场的后面，澳门出现了。

步出海关，紧贴海关大楼，两根旗杆下，一道门楼竖立，与现代的玻璃和水泥筑起的大楼相比，它就像是一个建筑小品，一个历史文物。进入澳门的第一眼，我看见的竟然仍是门。这座门楼面对着大楼，迎着所有出关人的视线。它是那样奇怪，强烈地撞击了我的目光，它的异域和遥远年代的气息让我止步。

门楼就像从一栋西式建筑中切割出来的，非常局部，圆形的门拱，边框由石头垒砌，它能够独立出来，成为门的象征物——门的牌楼，在于它没有实际的功用，墙的目的是为了门，门的作用并不是为了通行，而是对一个区域占有的宣示。我闻到了一个西方国家的气味。

绕着门走，门墙上嵌入了几块长方形石碑，琢磨着上面刻的 "22，AGOSTO，1849"，"25，AGOSTO，1849"，"22，AGOSTO，1870"，不明白什么意思。墙头上的图案还有锚、交叉的炮筒，卷曲的回旋纹。门洞下，许多细小的喷泉正在向上喷涌。这座历史之门已经陷入了低地，像建筑在一座水池之中。这也许是一个纪念建筑物，是一个特殊事件的纪念？为什么选择门呢？是与门有某种关联吗？

这样的门，对于中国式的柱子、斗拱、飞檐组成的牌坊来说，是完全的异类。在早晨的阳光里，站在这栋孤零零的门楼前，看一股股泉水喷吐、跌落，再流入地下，像人暗涌的思绪，从前的时光仿佛就在这下面涌动，如水泻地。

我向着四周张望，寻找与我相约的人。就在这时，感到澳门的过去像风一样袭来，透明得不见踪影，感觉我眼前的澳门是一座全然不同的城市了。一座门楼有如此大的力量？

我并不知道它的历史，周围也寻找不到说明文字，只有一种微妙的情绪左右着我，在等待中久久注目、沉默、怀想，直到接我的人出现，回望它最后一眼，匆匆离去。

没想到，回到广州后，我仍然会想起它来。有一天，我给澳门诗人姚风发短信，要他帮助打听。

在澳门，我特别注意书店，对澳门的陌生，一旦走近了就强烈渴望了解她的过去。一本《历史上的澳门》的书，是我跑过几家书店才找到的。我又挤出一个上午去了澳门博物馆，曾经与现在的一切于是被一条线串起来了。那时，我眼里看的心里想的还只是澳门。

◎ 澳门炮台

◎ 澳门炮台

回到广州，工作忙忙碌碌，《历史上的澳门》在书架上一放就是大半年。之后展读，于是，我看到了一件惊心动魄的事件——

水气中西沉的太阳，刚刚落入海的波浪之中，这时，一个手持竹竿的中国男孩，焦灼地等待着一个时刻。离海关大门300步远的地方，出现了骑马的人，他看清了其中一个没有右臂的人，果断勇敢地把手中削尖的竹竿向他掷去——这个人就是澳门总督亚马勒。

竹竿带着仇恨的力量，像一支箭刺到了亚马勒的脸上。亚马勒在惊魂一刻，看到了那个小孩剧烈摆动的身体正在转身跑去。他愤怒地打马扑向小孩。

突然，6个手持大斧的中国人冲了过来，速度之快，超乎寻常。亚马勒和副官都带着枪。亚马勒慌忙用嘴咬住缰绳，左手还没把枪拔出枪套，几把利斧就把他砍下马来。他的头被割下来了，惟一的一只手也被砍了下来，被他们带走……

这一天是 1849 年 8 月 22 日。

这个日子让我想起了那座门楼，那三块石碑刻下的文字，它们是一组时间

◎ 澳门大三巴牌坊

◎ 澳门海关纪念之门

吗？我急忙联系姚风，很快得到回信，葡文"AGOSTO"翻译过来就是八月。

宁静、美丽的门楼是一个血腥之地？！书上的事情恰与这座门楼关联？或者是一种时间的巧合？那天下午，我急着催促姚风快点帮我打听门楼的历史，仿佛有了什么预感，要探寻到时间深处的什么秘密。我告诉了他我急切的心情。

到了深夜，一切得到了印证。

一个关于门的仇恨故事就在这里上演！围绕着门的拆与建，砍头，炮击，热血溅洒……

葡萄牙王室1845年11月20日宣布澳门为自由港口，任命海军上校亚马勒为澳门总督。鸦片战争中国败给英国，葡萄牙人跟着提出无理要求。亚马勒来澳门，欲推翻300年来中葡澳门共治的一切做法，不顾葡萄牙国力已衰退的现实，也不管澳门驻军已大大减少，他痛恨中国海关的门，勒令关闭，并砍倒旗杆，驱逐海关人员，驱逐中国税官，并强制中国业主不得内迁。他要建起自己的门，把澳门变成一个完全的葡萄牙的殖民地。

门，有关主权与尊严，谁也不肯放手。

亚马勒遇刺三天后，中国军队在北山岭炮台向关闸开火，欲夺回关闸。澳门一个炮兵中尉维森特·尼古拉·梅斯基塔带领一队士兵，孤勇冲锋，赶跑了中国军队。

21年后，门楼建起来了。这是一座葡萄牙风格的门，上面刻下了三个时间，它成为1849年的一个记忆。这一年，葡萄牙人追讨着亚马勒的头和手，一个葡兵割下了北山岭战场上一位中国官员的头和手，刺杀案调查扑朔迷离，中国交出一位叫沈志亮的人，答应把他的首级悬于关闸，交涉、声讨、对抗，从此，善意与谦让在澳门渐行渐远，和平共处的历史开始终结。

彼此被对方视为仇敌的人，为了各自国家的利益成为民族英雄。正义与非正义难以彰显。甚至我看的书《历史上的澳门》也偏向葡方，以一种匪徒的口吻描述中方的义士。

事件在时间的推移中并没有终结。姚风在来信中提到，原来还有亚马勒和梅斯基塔的塑像，亚马勒的骑马铜像在艺术上雕塑得十分成功，在中方的施压下，它被运回了葡萄牙，这个时间是1992年10月28日，距事发已经143年了，据说铜像至今还存放在仓库里。梅斯基塔的铜像则在1966年反葡风暴中被中国人拆毁了。他们作为"民族英雄"，显然不适合现在的澳门了。而门楼留下了，说明文字被抹去，只有三个时间留在上面。

当澳门回归，历史该如何叙说？于是，门楼尴尬地站立着，像历史的一个哑谜。

澳门历史的转折，真正殖民地的开始，从这座门楼找到了现场和物证。

流逝的时间在向着空间转换，那些经历着时间的建筑把不知去向的灰暗岁月留住。门楼仿佛就停留在那些灰暗的时间深处，代表着那些流逝的岁月。而永远鲜活的生活现场，人们更替着衣饰，变换着面容，那些流动的精神面目，像时间本身一样生出、消失。

通关者，走过重重大门，再无人关注门了。门楼远离着人群，在一边伫立着。他们从东侧走过，有在门楼前停下脚步的人，稀稀拉拉等着人。有被门的古老与美观吸引过来而举起相机的。奶黄色的墙仍然那样明亮，这是后来粉刷的，门穹下有大块的油漆剥落了。拍摄者大都对这样一座门楼感到困惑。流水一般的人走进广场，又走进那些狭窄而又别致的澳门街道。

一座门纪念着另一座门，而被纪念的门却已经时空转换，它在现代化的大楼里成了畅通的人的河流。

澳门有众多门的故事，这座138年的门，只是门的故事之一。

追溯澳门最早出现的门，时间要回到1573年。这座门是明朝的官员建起的关闸，是中华大地上出现的最特别的一道门。那时，托言水湿贡物要借地晾晒的葡萄牙人，在这个小小半岛住了20年。官员们为使葡人不越界，为控制那里的粮食供应，公开的理由是为防止葡人的黑奴逃入中国内陆，于是，南方出现了一道门，一道直面大海的门。门的视线可以从万顷波涛之上，从太平洋、印度洋直到大西洋，触摸欧洲。可惜，当这道门建起来的时候，中国人还没有做好准备，他们只看到了门后面那片弹丸之地。那个时候刚刚处于被动选择的位置，他们对突然出现在自己面前的事物，想到的只是选择拒绝或者接纳，以至

◎ 澳门博物馆平底帆船模型

于到最后不能选择。

葡萄牙人的航海地理大发现，这些怀着对东方世界狂热野心的人，从大西洋绕过非洲的好望角，万里踏浪，终于寻找到了东方的帝国。东西两个世界在海洋上走到了一起。西方的梦想家漂过大洋，在中国人的睡梦中悄然抵达这一扇并不巍峨的门前。随着这道门的开启，中国与西方开始了全新的海洋上的交流，这是一种真正的交流，两大文明不期而遇，碰撞、交汇、较量从此拉开了序幕。

两个文明的靠近与相互影响，谁也想不到会如此深刻地影响和改变着世界。一个傲慢的帝国对于万里之遥找上门来的西土之国，从没怎么放在心上。一个基督教文化的西方世界，最早对东方表现出了神往，这一切在一幅孔子的线描画中表露无遗：孔子被描绘成一个贤明学者形象，并在欧洲广为流传，吸引了众多敬慕而好奇的眼光。到了后来，一幅"神奇的茶壶"的画，一个留长辫的中国男人丑陋得如同妖魔，两三个世纪之后，中国人的形象一落千丈，轮到西方以傲慢的姿态对待东方了。

激动人心的海洋时代降临了，一艘艘平底帆船从欧洲大陆出发，人们忍受着遥遥路途的艰辛，经历海上风暴，一批批来到东方，到达澳门的门下。在历经数月的寂寞旅途中，他们内心想起了什么？

从欧洲来中国，有两条海上路线；一条是葡萄牙人开通的，从里斯本出发，绕过好望角，在印度孟买上岸，然后乘坐葡萄牙的船到达澳门；西班牙不再愿意遵守它与葡萄牙达成的瓜分世界的协议，他们从西班牙塞维利亚出发，穿过大西洋到墨西哥，再穿过整个中美洲，

◎ 澳门大三巴传教士塑像

横渡太平洋到菲律宾，再到澳门，这是他们开通的另一条路线。

在非洲的好望角，是一次对澳门的发现——我真正意识到大历史与澳门的关系。我看到澳门的那座门，已经连接到了这个遥远的非洲大陆，看到印度洋与大西洋在这里交汇，这是一次对于人类意义多么重大的连接！葡萄牙诗人贾梅士的长诗《葡国魂》写出了这一壮举，他因此而成为闻名于世的诗人。这部长诗就是他走完这条遥远的航线后，在澳门一个山洞中完成的。因为这样的连接，我在陌生大陆浓浓的乡愁也淡了。

抬眼远望，南方没有大陆了，那一层层推向非洲大陆的波浪，再无遮拦。第一个掀起的波浪也许来自南极。海平线呈现出抛物线一样的弯曲。我感觉到遥远的冰天雪地的世界，风把遥远的气息吹到了脸上，冷冽而腥咸的空气进入身体，让血液感受到一种空阔、寂寥。

爬上山顶灯塔，风急雨狂，面海的悬崖下碧水飞雪，我想象那一支船队，它第一次经过时被风暴打上了海岸。我的眼中出现了一条帆船的影子，那是我第一

次到澳门曾看到过的一个船模，它一直静静地躺在澳门博物馆。它就是从这片海域驶过的，澳门的弹丸之地与这里的山水相连了，两个半岛面向同一个壮举。一个古老的中华帝国，一个从中世纪黑暗中摆脱出来的欧洲，就从这些不同的半岛走到了一起。我从好望角看到了澳门之门渐渐开启，海洋世界的波涛都在向着一座东方之门汇聚。澳门的每一块砖石都开始浓缩世界风云变幻的历史。

大历史与澳门如此紧密相连，澳门就像那个世界的影子——

我穿行在南非发达的城市开普敦，城市相似的经历让我想到澳门。意大利米兰史佛萨古堡中的青瓷、香炉、牙雕、丝质长衫高光闪烁，它们当年也许就是从澳门启程的。罗马耶稣教堂里的利玛窦画像，它是澳门画家游文辉的作品，他是中国第一个学习西洋画的人。荷兰阿姆斯特丹国立博物馆里，一幅中国画笔墨西方透视法会出的画，我在画前久久徘徊，细细观察着画中的洋人、八角重檐宝塔、城墙角楼、乌纱帽、椰子树、海湾……这是西洋人画的中国画，风景与澳门神似。维也纳金色大厅的交响乐，激昂的锣声，让我想起音乐家谭盾说起的话：欧洲的第一面锣就是从澳门带去的……似乎我的脚步走到哪里，澳门的踪影就在哪里出现。

许多年里，我没有意识到澳门与大历史的关联，航海地理大发现在我眼里只是遥远西方的一个事件，更没有把澳门当成事件的主角。这一切也许与一本书不无关系，那就是马可·波罗的《马可·波罗游记》。正是它激发了西方人对中国的冲动与想象，导致了葡萄牙人的海上冒险。从《马可·波罗游记》到澳门，无关的事物像电流一样接通。人类想象的伟大创造出了伟大的历史。

400多年里，中国人都没有看到这个大历史，也许是因为大陆的深广无垠，澳门无法从边缘走向中心，无法把地中海古老海上贸易的另类生存方式与法则，告诉大陆深处固守土地的农民和他们的皇帝。

傲慢，让一个巨人变成了一个瞎子。

儒家文化，商人永远被当成最低下的人。

海，在中国漫长的历史中都属于海盗和倭寇。

中国从一个主角到被遗弃，澳门从一块租地到殖民地，大历史在南中国海痛苦地拐过一道弯，离中国远去。中国人对于澳门这个偏远之地，这个南蛮之南，永远都在忽略着，无边无际的海洋像黑暗一样沉寂。直到葡萄牙把争夺海关之门的总督当成民族英雄，塑像竖到了中国的国土上的时候，中国大地才真正开始战栗。

第一座门就是一道隔绝之门。最早的时候，门定期打开，葡萄牙人可以出关门采购食品和日用品，集市完了，门也关了，并用6张盖了大印的封条封死。门上写着"畏威怀德"。中国军队就在附近守着这道门。那时只有葡萄牙人、满刺加人、印度人和非洲人，关闸建立不久，中国劳工特别是手艺人可以进入澳门，他们白天进去，晚上必须回来，关闸因此变成从早到晚开放了。

新奇的货物在门的两边出现。这一边是中国的丝绸、瓷器和茶，那一面是西方的羊毛制品、大红布料、水晶、玻璃制品、英国时钟、古玩、艺术品、香料、药材、葡萄酒、棉花、火器和描写战争的图画，通过这道门，丝绸、瓷器和茶上船，进入万顷波涛之中，而那些洋货开始深入内陆，进入木楼青石巷的一座座城池。由于中国对商业的抵制，这样的贸易进行得十分艰难。

满怀着对上帝虔诚感情的传教士也随商船来到了澳门，他们遇到了铜墙铁壁一样的阻拦，这道门没能完全挡住那些洋货，却挡住了传教士的脚步。中国禁止他们进入。耶稣会的主教范礼安在门前对着北方的大陆绝望地喊着："磐石啊，你何时才能打开？"传教士们于是在澳门长期住了下来，在这里办起学校，专门学习中文。

大门终于因为一个人的出现而慢慢开启。1582年，利玛窦到达澳门，他带着时钟、棱镜、星盘、浑仪、世界地图、竖琴、天体及地球仪，利用这些东西他通过了这道门，这些代表西方文明的器物，让中国人感到了震惊。

他先到了肇庆，多少年的辗转，寻找到了进京的机会。在他的游说下，西方的传教士终于可以进入中国广大的内陆了。于是，耶稣会、方济各会、多明我会、奥古斯丁教派的传教士，纷纷跨过了关闸。到1800年，从这扇门下走进来的耶稣会士有920人，其中314个是葡萄牙人。

耶稣会士的进入，撼动不了儒家的文化，但引起了朝野巨大的纷争，他们给

◎ 澳门大三巴牌坊

中国历史写下的是杂乱有时是有趣的一页。

1621年，明朝与鞑靼人打仗，鞑靼势力进入了辽河流域，在相继攻克沈阳、辽阳和辽河以东70余城后，这年迁都到了辽阳。一位名叫公沙的西劳的耶稣会士，以澳门的名义送给皇帝朱由校3门大炮。炮兵也随大炮前往，这些大炮在抗击鞑靼人的战斗中发挥了威力。鞑靼人进攻时密集成团，炮火使他们损失惨重，四散奔逃。

公沙的西劳于是又向中国皇帝建议征召400人的长枪手分遣队，前去帮助打仗。才继位的熹宗帝非常高兴，很快，一支由一半是欧洲人和澳门人、一半是训练有素的中国人组成的长枪队成立。这支远征队由佩得罗·考德罗和安东尼奥·罗德里格斯·得尔·坎波率领，他们威风凛凛从门下走过，向广州出发。

远征人员骑着马，还配备了渡河用的船，他们姿态英武，制服和火枪使中国人惊叹。这些红毛蓝眼白皮肤的"番鬼"第一次进入内陆，他们是否让中国百姓感到了恐惧？也许人们已经知道他们是来帮助中国人打鞑靼人的，他们感到的只是惊奇。只有那些胆怯的孩子吓得哭了起来。那些聚集在自己宗祠前的百姓们非常和善，沿途的乡村、城镇的地方官吏纷纷设宴款待。

部队经过广东、江西，到达南昌府，这时，他们接到消息，称已不需要他们的帮助，于是，停止前进。远征队员行进在中国南方的土地上时，广州商人使出了诡计，他们害怕葡人因此获得内地的商贸特权，他们贿赂官员让皇帝发出了停止前进的命令。长枪队的威力竟没有机会在中华大地显现出来，这不能不说是个遗憾。等到人们认识到这些长枪的威力时，已经太迟了。

因为看不见澳门之外的世界，与西方人纷纷来华相比，国人沿着这条海上丝绸之路去欧洲的几乎没有。有记录最早出现在欧洲的中国人大约在 1540 年，这个中国人可能是在 16 世纪上半叶葡萄牙人对中国东南沿海的一次袭击中被俘而沦为奴隶的。

葡萄牙人对东方文明的好奇，让人想到现代人对外星人的猜想。1517 年，一支由 5 艘军舰 4 艘平底帆船组成的舰队远征东方，他们有一项使命，就是搜集一批中国名著，将它们译成葡文，并带回一些中国男女到葡萄牙去。他们这样的行动在广东引起了很大的恐慌，有谣传说许多清白人家的童男童女被拐卖给了舰队，因为他们要烤人肉吃。这个中国人是否就是那次行动中被拐卖的呢？他并非家仆，受过良好教育。后来，他熟练地掌握了中葡两国语言，被葡萄牙历史学家若望·德·巴洛斯赎买下来从事中文作品翻译成葡萄牙文的工作。他在葡萄牙于是引起了关注。

第二个有记录到访葡萄牙的中国人要到 1755 年才抵达里斯本，比葡萄牙人来中国晚了近 200 年。

等到中国人大规模去西方，那已经是一个国家悲剧高潮来临的时期了，西方已进入工业化时期。中国人被奴隶一样贩卖到了海外，人数达几十万。那时，全世界开始反对非洲残酷的黑奴买卖。1851 年，维也纳会议废除了"黑奴买卖"，于是，中国人成了最廉价的替补。澳门开始从事移民就是 1851 年。移民变成了奴隶贸易——大陆有数十个人贩子，用美味可口的食物来引诱青年农民，骗他们说要把他们带到黄金国去，或者借钱给他们赌博，强迫赌输的人卖身偿还赌债。许多中国人从澳门这个大门走出去，就再也没有回来了。他们悲惨的命运是被世界遮蔽的一部血泪史！

澳门的名字用一个门字，的确有她的玄机。

澳门是一个爱建门的城市，古老的澳门原本就由一座座门组成，那些古老街巷的门楼，众多寺庙的牌门，著名的三巴门、石闸门、红窗门，新建的东方拱门等等，就连圣保禄大教堂一把火烧过后，也变得像一道门了，神似中国的牌坊。澳门人叫它"大三巴"。

大三巴是一座宗教之门，历史之门。门上的雕塑，汇聚了东西方的文化，它就像是一道坡上敞开了胸膛的大门，吸纳全人类优秀文化的精髓。圣保禄教堂是当时澳门也是东方世界最神圣、华丽、壮观的建筑。建造它的工匠是来自日本的基督徒。从教堂底部一直装饰到山墙顶的浮雕，《明史》称它是中国从未曾见过的装饰。一层层花岗岩的台阶，把人引向一种庄严。

澳门作为一个向世界打开的门，其海纳百川的气派也表现在这座大教堂上。大三巴建筑风格是希腊式的。底层的柱子是爱奥尼亚式，上面是科林斯式。底下三层，点缀着拱门和棕榈树，这是南方亚热带的植物。整座建筑散发出浓郁的东南亚和南亚风味，又有着厚重的西方文化气质。锥形建筑中间，中心的一个壁龛里是圣母玛利亚像，高浮雕刻画的是祈祷中的天使、喷泉、生命树和一个丑陋的女人，它们象征着希望和敬畏。还有一个启示录中的妖怪和一副骷髅，对反对基督教的人来说，这些或许意味着死亡。上面一层为耶稣受难的徽纹所环绕，壁龛里供奉着圣保禄像，头顶上是圣灵，山墙的背景是太阳、月亮和星星，顶上是耶路撒冷的十字架。这些高浮雕是杰出的工艺品。路易十四赠送的华丽时钟也装饰着教堂。与门相配，教堂的内部与外部风格一致，十分和谐。可惜，1835 年的一场大火将它的一切付诸一炬，只留下一座地宫。

教堂珍贵遗物有圣方济各·沙勿略被带到罗马去的手臂的一部分，有来自日本和交趾支那殉道者的遗体。

一个五六千人的城市，建起了如此辉煌的建筑，不能不令人叹服！不仅如此，澳门还建造了东方最多的教堂：玫瑰堂、仁慈堂、望德堂坊、嘉模圣母堂、西望洋山圣堂……几乎每条街道都有高耸的十字架。还有本土的妈阁庙、天后宫、哪吒庙、观音庙、普济禅院等许许多多的寺庙，它不愧为一座宗教之城，东方的寺庙与西方的教堂相互辉映，钟鼓木鱼之声与唱诗班的颂歌同在半岛上空飘扬。

信徒们成了世界上最富有的人。澳门的葡萄牙人与印度殖民地最好的家庭有了亲戚关系。为了获得丰厚的彩礼，印度许多贵族家庭争相与澳门葡萄牙人结婚。国际化的城市在那个遥远的世纪就在澳门出现了。

门在大地上出现，与墙不同，墙是为了隔绝，门却只为隔离。它建立就是为了在某个时刻打开，这是门的宿命。关闭不是门的本意。

澳门的门终于开启。这是一道国门的开启，一个新时代的来临——

珠海，一座30年时间里，因澳门之门敞开而建起的城市，梦幻般紧挨着海关大楼散布开来，就像澳门的那些巨石阵迈进了大陆，像一股涌来的海浪，从半岛北面向着内陆的山地扑来，带着高楼、宽阔的街道、人流、霓虹灯……巨大的城市在顷刻之间呈现！

这是一种接引，一种延伸。

在珠海湾仔，望着澳门满城灯火倒映海面，珠海以五彩之色，于一线海湾之上与之交映。海涛轻轻拍打，颤动着水中缤纷。晚秋的风忽左忽右飘荡着，清新而腥咸，让夜空的黑更富岁月的深意。一个世纪的梦境呈现在一代人真实的人生经历中。

一处小小陆地，几乎与澳门平行，同样深入大海之中，无树，无房，只有野草疯长。我在这无人的荒旷之地迈步，内心获得了片刻的安宁。自从那年走到拱北关闸，随后南下，我在这片热土生活了十几年，从青年到中年，时间在它隐秘的维度里悄然走远，带走了我生命中的激情、想象……今夜，看着陆地上的月光和黑暗中的海水，从前的痛楚那么遥远，只有海洋新鲜的空气依然沁人肺腑。

一道门的自由出入，让我对一座城市产生了完全不同的感情。因为澳门曾经温馨的记忆，我在遥远的异域甚至会怀念起她那温婉、和善与闲适的夜晚。

历史是过去式的——这是目光短浅者的历史。看得见历史的人，才明白历史与现实的关系，明白大事件并非离我们而去。从烦琐的日常事物中抬起头来，发现大历史的踪迹就在我们熟视无睹的事物之中——世界地理大发现改变世界与历史的壮举 澳门像一面镜子照射出了事物的细节。这种深长目光的接通让人惊喜、兴奋。在这样宁静的晚上，浮在海面上的澳门，就像时间深处的飞船，一个葡萄牙人曾经的梦土，一个给冒险者机会的地方，前世今生多少灵魂牵系，凝望者目光有多么遥远，她的幽深的内蕴就有多么深广。

月光下。她的面前是一片无垠的海洋。

飘过澳门的身影

一

　　也许是内心深处的偏见吧，一个殖民地的商贸之都，富人的聚集地，怎么会与沉迷风花雪月的诗人结缘呢？我寻找那些曾经到过澳门的人，竟发现许多诗人踏上了这座半岛城市。岁月深处，他们幽暗的身影，许多年里像曲巷中不曾被人注意的独行客，一拐弯就看不见踪影了。一种力量在顽强地遮蔽？历史中那些微妙的、不为人知的奥秘与深意潜伏下来。

　　澳门的意义、影响，甚至地位，与这些诗人有关吗？他们的到来与离去，说明了什么？一座城市的气质、风格是否也像他们写出的诗，散发出一种晶莹的光泽？澳门孕育的风情与那些诗歌意蕴的默契，也许暗示了诗人的性情与中西合璧之城有什么神秘的关联。

　　第一个出现的诗人，便是葡萄牙人贾梅士。他是一个对中国人来讲还陌生的名字。西方诗人遭遇充军、流放的命运是怎样的，是不是与中国文人相似？澳门提供了答案。贾梅士就是被流放而到澳门的，他与中国一位大文豪走到了同一个地方，时间几乎在同个时期。我的脑海出现了这样的画面：在这个小小半岛，如果他们相遇了，那是不是第一次东西方文学的交流与碰撞？他们各自会给自己的文化注入什么内含？他们都是在自己国家产生了巨大影响的人，贾梅士在葡萄牙

有中国的李□之喻；而随他之后到达澳门的汤显祖，离开澳门后，开始了戏剧创作，成为中国戏剧的鼻祖。澳门对他从事戏剧创作也许有着不同寻常的影响。

贾梅士被葡萄牙视为伟大的爱国诗人。澳门在葡萄牙甚至世界文学界享有盛誉，是因为有了贾梅士。这位天才诗人，有曹植出口成章之才，葡萄牙国王约翰三世热爱才华出众的文人，他赏识贾梅士，给了他自由出入宫廷的特权（中国皇帝也有这样的奖赏，但很少听说有奖励诗人的）。

诗人李白被召进宫，野史传他要高力士脱靴，杨贵妃研墨，诗人得到特殊的政治待遇，常常不能自持。贾梅士生活上比李白要浪漫得多，在宫中的狂放更不比李白逊色。他宫中行走，自由自在，于是忘乎所以。特别是看到漂亮宫女，他要去约会，找她谈恋爱，上演西方式的才子佳人版爱情故事。王室贵族早就嫉妒他宫中自由行走的特权，看到美女也投向了他的怀抱，再也无法忍受。于是，他们向葡王告发了他。葡王岂能容忍如此放肆的行为，心头一怒，签下一纸皇令，发配贾梅士到遥远的非洲充军。这是一次世界性的发配。也许是文人的第一次国际发配。

从踏上帆船的那一刻起，不幸的命运就开始伴随着诗人。在北非的一次战斗中，贾梅士失去了右眼。1553年，入伍到了印度，又因讥讽印度总督而被驱逐。1556年参加由弗朗西斯科·马丁斯率领的中国远征舰队，一年后，这支6艘船只组成的舰队曾停泊浪白滘，与海盗遭遇，一场镇压海盗的战斗打响，身在战舰，自然难以躲避，贾梅士也不得不迎敌。随着这支舰队游荡海上，他最后来到澳门。

在澳门，贾梅士形同一个流浪汉，他甚至干过"死亡验证官"。他结识了一位中国姑娘，据传她叫狄娜梅，长得妩媚。东方黄皮肤的女子激起了他心中久被压抑的情愫，他们双双坠入了爱河。诗人的爱情战胜了种族偏见。贾梅士这样描写自己对爱情的感受：

> 爱情是不见火焰的烈火，
> 爱情是不觉疼痛的创伤，
> 爱情是充满苦恼的喜悦。
> 爱情的痛苦，
> 虽无疼痛却能使人昏厥。
> 爱情是除了爱别无所爱，
> 即使在人群中也感不到他人的存在。

两年后，贾梅士卷入一桩法律纠纷，被押送回印度受审，女友与他同行。船在缅甸海岸遇上大风而侧翻，他口衔诗稿奋力游水，逃过了大难，但女友却淹死海中。

好友们慷慨相助，贾梅士才回到里斯本，发表了《葡国魂》。这部诗集长8800多行，描写了达·伽马当年航海地理大发现的壮举。这条从里斯本出发，绕过非洲好望角，到达东方印度的航线也是他自己流放的航线，当年航海勇士坚不可摧的毅力也是他自己经历所体验的，他甚至比他们走得更远。

《葡国魂》让他一举成名。流放竟成就了一位诗人！

澳门雕塑了他一座半身像，在一个洞穴里，诗人浓密的络腮胡像不幸的命运一样包围着他长而又瘦的脸庞。这个石洞原本是埋人的地方，荒凉如远古时代的遗留，却成了天才诗人的避难所。正是在这个石洞中，他创作了不朽的史诗。石洞也出现在他的第181首十四行诗中：何处再寻更孤独的地方，欢乐的景象了无踪迹。毋须谓无人甚至野兽也不会涉足此处，就这样静静地，无人问津，无人追寻。清朝钦差大臣耆英到澳门，站在石洞前，听说诗人的名声可以拿李白相比，慌忙双膝跪地，向诗人行跪拜之礼。400多年里，耆英大概是中国到过澳门最大的官。

汤显祖是1591年底来澳门的，他在寒风中走过关闸，从官场迈出来的步子没有贾梅士那么放浪，同样的命运令他步态蹒跚。他与贾梅士来澳门的时间是如此靠近，第一个国际性的诗人走了，又一代名留青史的大师走过了关闸，到了澳门。这位万历进士，因直谏被贬广东徐闻县，当一个比七品知县还要小的典史。在贬官路经广州时，不知道他怎么心血来潮，要拐道澳门。他先游览了罗浮山，兴致还很高。东莞的友人不愿爬上山顶，半途而返，他却在一位道士的陪同下，登上了最高峰飞云顶。

去澳门汤显祖选择了坐船。落寞的他经一路风浪抵达了澳门，从珠江到大海边，从一种蓝到另一种蓝，他有怎样的感受呢？也许他更愿意看到大海的蓝。随后去徐闻时，到了阳江他又选择了坐船，以致风浪让他靠不了岸，险些像贾梅士那样遭遇死里逃生的厄运。他一路漂过了琼州海峡，到了另一头的涠洲岛，风浪稍歇，他才登岛上岸。

这位心气极高、当时就已名满天下的才子，连当朝宰相张居正的账都不买，只对山水专情，对澳门充满向往。也许他内心深处并不落寞。他早厌倦了官场沉浮，几年后，他做出了辞官回家、专事写作的决定，不等朝廷批准，人早已走得无影无踪了。这样的选择不知是否有澳门的影响？

在澳门与贾梅士失之交臂，但另一位著名人物传教士利玛窦据说他是见到了的。利玛窦是一位极大地影响了中国文化的西方人。他们有怎样的对话？这位出色的传教士，连中国的皇帝都能被他说服，他如果向汤显祖传教，汤的内心会有怎样的波动？那时澳门租借给葡萄牙40年了，葡萄牙人正纷纷入居澳门。在葡萄牙人用石子铺出的小街上，可以看到身着异服的外国商人和少女，建筑风格完全不同的洋教堂。汤显祖向翻译了解葡萄牙人迁居澳门的情况，会见洋商，参观教堂。他在《香岙逢贾胡》一诗中写道：

> 不住田院不树桑，珂珂衣锦下云樯。
> 明珠海上传星气，白玉河边看月光。

这是澳门船帆成林、珠宝成堆的景象。看见葡萄牙少女，他也把自己极为欣赏的眼光写进了诗中：

> 花面蛮姬十五强，蔷薇露水拂朝妆。
>
> 尽头西海新生月，口出东林倒挂香。

这无疑是中国诗歌描写西洋少女最早的一首诗。

他创作《牡丹亭》"谒梦"一场这样描写多宝寺情景：

一领破裂裟，香山岙里巴。多生多宝多菩萨，多多照证光光乍。小僧广州府香山岙多宝寺一个住持。这寺原是番鬼们建造，以便迎接收宝官员。兹有钦差苗老爷任满，祭宝于多宝菩萨于位前，不免迎接。

"香山岙"即是澳门。多宝寺是否就是圣保禄大教堂呢？也有说汤显祖到澳门时，大教堂还没建起来。但《牡丹亭》的确写到了"番鬼"们建造的寺庙，如果他真的进了大教堂，他可能是中国文人中第一个看到西方大教堂的人，至少一般规模的教堂他是见识过了。西方宗教建筑给他内心造成了怎样的冲击？那样的记忆是不会被轻易抹去的。清初六大家之一的画家吴历来到澳门后，正是圣保禄大教堂的宏伟，让他走进教堂学教三年，还加入了耶稣会。他写了澳门诗30首，圣学诗却写了82首，他的诗成为澳门诗史的重要内容。汤显祖没有信仰基督教，他30岁时就信佛了。他写了4首诗来描写自己对澳门的印象。这4首诗成为中国传世最早以澳门为素材的诗。同样是被放逐，同样是个性张扬，同样抱着对爱情的幻想，《牡丹亭》离奇又缠绵的爱情故事，是一次中国式的爱情狂想。

葡萄牙来澳门的第二位诗人是庇山耶，1894年4月，27岁的庇山耶来到澳门。他应聘到利霄中学任教，后来又做起了物业登记官、律师和法官。

庇山耶是个私生子。18岁时对文学产生了浓厚兴趣，并开始追逐女孩。他总是想博得她们的欢心，却总是处处碰壁。一位叫安娜的女子走进他的生活，从此改变了他的人生。他对安娜一见倾心，觉得她快将他的魂魄勾走了。安娜迷恋文学，后来也成为一位作家。庇山耶像进入了一个魔幻的世界，昼夜的妄想让他的思维混乱了。他向她求婚，但他得到的仍然是冰冷的拒绝。这一次拒绝，成了他一生的伤痛。他对安娜的爱甚至超出了自己的想象。巨大的痛苦开始折磨他，绝望中，他做出了一个改变自己一生的决定：远渡重洋，去澳门定居。

　　庇山耶是怀着对爱情的绝望来到澳门的。他以为遥远的距离可以帮助他忘记过去。然而，爱情继续着它残酷的施虐，他的思念因距离而更加深切。像许多象征主义的诗人一样，他精神压抑、苦闷，生活混乱、颓废，他本可以过上上流社会的生活，但他却与主流社会隔离，做了一个边缘的另类人。

　　他不再向葡萄牙女子示爱，与他一起同居的都是中国女人。他开始重复他父亲走过的路：与自己社会地位悬殊的女人生活，不与她们结婚。有三个女人先后给他生下过孩子。

　　1914 年，安娜的丈夫不幸去世，庇山耶闻讯马上回到了葡萄牙，他频频与她约会，激情难抑时为她朗诵自己的诗歌。安娜对他的诗大加赞赏，但庇山耶再次向她求爱时仍然遭到了拒绝。

　　澳门，又一次向他的人生发出了痛苦但却是温情的召唤。诗人回来了。诗人的痛苦却结成了"时间的毒药"。1926 年 3 月 1 日，他患上肺病死去。尸体就

◎ 古老的葡式别墅，
居住过许多葡人

葬在澳门西洋坟场。临死前，他要求葬礼不放音乐，不摆花环，"一切正在结束
……一切都要腐烂……一切都是物质……"

忧伤成就了诗人。庇山耶一本薄薄的《滴漏》，对象征主义诗歌进行了新的
艺术创新，它成了葡萄牙象征主义诗歌的典范，对葡萄牙现当代诗歌产生了深刻
影响。

中国来澳门的第二位诗人是屈大均，他是广东人。身处明朝江山改朝换代的
时期，民族气节，对前朝的忠诚，让诗人不愿为清做官，他曾削发为僧。也许是
忠心于前朝，屈大均才那么喜欢去澳门，那里是清王朝没有改变的地方。许多次
他来澳门联络志士，与文人唱和，并与澳门葡人结下诚挚的友情。诗人对待外来
异族没有常人拒人千里之外的心态。相反，对新事物的敏感让他保持了对世界的
激情。

中国第三位来澳门的诗人是抗倭英雄丘逢甲。这时的中国，国难当头。他
心里想的写的都是有关家国的诗篇。他写诗也主张"以新诗写新政"。他是为办
"岭东同文学堂"于1900年春赴南洋募款途经澳门的。澳门独特的西洋景观同
样也吸引了他，他因此写下了很多澳门的诗篇。

◎ 时间深处的澳门

中国诗人到澳门的还有释成鹫、张穆、魏源、艾青等。

西方来澳门的第三位诗人要算英国诗人奥登了。他是英美诗坛十分重要的诗人。20世纪30年代，英国诗坛有"奥登一代"之称。奥登与小说家衣修武德接受伦敦和纽约两家出版社的邀约，写一本关于东方的旅行杂记。当时正值中日战争爆发，他们以战地记者的身份，于1938年1月19日从伦敦出发，经过埃及，进入印度洋，于2月16日抵达香港，随后到了澳门。他写有一首澳门的十四行诗《澳门》：

> 救世主和门徒的洛可之图像
> 向呼么喝六的赌徒承诺身后的财富
> 教堂与妓女比屋周旋，证实
> 信仰确能宽恕原欲……

这时的澳门正从一座宗教圣城变为一座赌城。诗人是在一种亦真亦幻的感觉之中离开澳门的，抵达广州，听到天空中轰炸的炮声，他才确定自己真的到了中国。他在中国跑了4个多月，写出了不朽的十四行组诗《战时在中国作》。

葡萄牙新近到澳门的一位诗人是正活跃在国际诗坛的安德拉德，几年前他在广州刚出版了诗集。他非常崇拜李白，在澳门期间，他常去贾梅士的山洞、庇山耶的墓地，在秋天居室的阳台上，他时常想起李白的诗，特别是那些别离诗，让诗人内心充满了伤感。澳门是一座别离的城市，一座相思的城市，离别的距离总是万里之遥，不堪回首。

澳门让诗人轻易地产生了感情。贾梅士爱上中国女孩。汤显祖写下爱慕葡萄牙少女的诗，更在《牡丹亭》里写出了一场前无古人的穿越阴阳的轰轰烈烈的爱情。安德拉德对澳门离别的伤感……澳门让诗人生出了无限感慨，生出了许多不舍。

时间进入 21 世纪。一个冬日的早晨，阳光像从大海上漫溢到天地之间。我从海关大楼走进了澳门。在石头铺就的街道上步行，看到澳门人脸上挂着的浅浅笑意，如飞舞的蒲公英送来山林的诗意。相遇者举止文雅，谈吐温婉，姑娘小伙子穿着富于理想和浪漫气质，衣着没有流行的色彩，却有些像从前年代的文艺青年……感受久违的温情、善意和闲适，一座陌生城市让我产生了轻松愉快的心情。

这是诗人走进澳门的缘由？还是冒险家一样，诗人也对新生的事物充满了向往？

澳门与沉重的过去告别之后一直在走向轻，轻到让人生出浪漫。澳门人在弯弯小巷里生活久了，早已经忘记了她生活之外的世界。

黄昏降临，黄色路灯一盏一盏点亮，夜色渐浓，光明越亮，薄雾里溢满着海的气息，突然有一种走在故乡街道上的感觉。这里有熟悉的文化，又有完全不同的新的文明，让人惊喜的东西总是像思想的火花一闪而过……

二

我的目光掠过诗人，在澳门历史的深处，寻求着澳门的另一种表情，岁月的烟云曾经的沧桑，已经使之黯淡了。但我在斑驳的光影里还是看到了另一类人的脚步——他们是中国的志士仁人。寻觅他们的足迹，让人发现了澳门的价值不只是在商业和文化上，它对中国政治的影响难以想象。在中国近现代化历程中，澳门通过志士仁人对中国迈向何方投来了一束强光。

最早出现的一个人是魏源，这位道光进士，来自湖南邵阳。他是诗人也是志士仁人。鸦片战争刚发生不久，他受林则徐所托，到澳门编著《海国图志》。他访问葡人家庭，并把这一段经历以诗文记录下来。从澳门这扇大门他看到了世界，因此有了强烈的开放意识。他的诗文也成了放眼看世界的抒情之作。他提出了变法革新，"师夷之长技以制夷"，学习西方制造舰船、枪炮的先进技术和养兵练兵之法，"变古愈尽，便民愈甚"。一句"师夷之长技以制夷"成了那个时代的名言。《海国图志》翻译到日本，变为日本推动"明治维新"、从而迈进现代化国家行列的巨大思想库。追索中国"五四"运动的思想源头，魏源就是一股出山的清泉。

这样的声音发出后，中国的志士仁人开始思考中国的出路。一本《盛世危言》开始在中国流行，书的作者郑观应，他出生在紧邻澳门的中山。1886年至1891年，他隐居澳门龙头左巷郑家大屋奋笔疾书，提出"主以中学，辅以西学"的西方学习原则，认为"欲张国势"，必须改变专制，设立议院，广开学校，培养人才。抵御外侮，变法自强，"莫如振兴商业"。

《盛世危言》囊括政治、经济、军事、外交、文化各个方面改革方略。书出版后朝野震动，影响之广，先后再版了20次。它直接影响了变法维新的思想。郑观应也因此成为中国近代改革的先行者。

清朝光绪皇帝于1895年看到了《盛世危言》，他下旨重印了2000册，发给满朝大臣阅读。由此拉开了有广东人康有为、梁启超参与的变法维新。

郑观应写完书稿的这一年，孙中山来到了澳门。他来澳门是到镜湖医院来当医生的。他医术高明，不久名声大振，但因为太受欢迎，挤了西医的生意，后来被葡医挤出了澳门。他的家就在离澳门30公里的翠亨村。还在香港拔萃书院读书的时候，他就常来郑观应的大屋，与他一起探求富强救国的良策。孙中山写的《农功》经郑观应修改收入了《盛世危言》。

毛泽东是在韶山读到这本书的。那时他还是一个少年，忧国忧民的思想早已萌芽。由于读的遍数太多，书皮都读得破损了。他在延安曾对埃德加·斯诺说，是这本书让他违背父命，走向了外面的世界，以寻求人生和救国的真理。

中国的第一所西式大学、第一所西式医院、第一所西式印刷厂、第一份外文报纸在澳门出现了。第一部中译本《新约全书》和第一本汉英字典《华英字典》也在澳门出现了……

一种东西方文化奇特结合的文明从澳门向着内陆辐射，影响到了广东，影响到了中国。在众多外力作用下，一个封闭保守的国家在缓慢转身。

岭南人一次又一次改变国家因循和传统的革命开始了：太平天国、辛亥革命、二次革命、护国运动、北伐战争……

一个大国慢慢从沉睡中醒来，终于在东方的地平线上站了起来。澳门却渐渐退缩到了他巨大的阴影中，世人的目光跟随着巨人投向了广阔的天地……

澳门回来了。在她归来的晚上，中国几代人都记得那一夜的烟花，它点燃了人群的欢乐，照亮了长夜里祖国的大地山河，它也在向着天空之上的志士仁人的英灵绽放！

一首澳门葡人的歌谣在海湾飘荡：

> 喝了亚婆井水，忘不掉澳门；
> 要么在澳门成家，要么远别重来。

这是一首充满象征意味的歌谣。岁月流逝，当年冒险来到澳门的葡人在这片土地上长眠了，一代又一代土生葡人却把这里当成了自己的家乡。亚婆井水象征着澳门的魅力，她润物无声，是饥渴者的甘露，也是宁静美好生活的回忆。她使异乡人他乡当故乡，使告别澳门的人，哪怕远别重洋，也会向她投来深深思念的目光。歌谣的每个字蕴含了一种爱。它让我想到了，不管澳门怎样的来历，怎样人种混杂，一样的人间之爱已经在这里生长，一种故土之情已深入几代人的心灵，澳门的一切已经成为我们民族自己的历史。

世界已经改变了。美好总像春草一样湮没着大地上的荒凉与丑恶。

田野上的史记 · 行走岭南

山形水态之外

皂幕山下的高明

高明——珠三角的嵌石

　　高明不像一个地名，它是一个形容词。很好的一个词。把一个词用于一块土地，总会影响人对于山川草木的感觉，不自觉地把这个词的内涵带进去。

　　正值暑天，亚热带直射的阳光底下，高明的一座座山，一条又一条的河流，平原与山都绿得闪闪发光。扎眼的阳光晃荡着。天空蓝如碧玉，透彻高远。白云似雪，堆成一团一团，蓝天里自由自在地飘浮，像是在一个无人的世界。直立而又洁白的云朵，海上或者靠近大海的陆地才会有；蓝得高远的天空，也是海洋边的大陆才有的纤尘不染之蓝。高明真可以用一个"明"字来总结，明亮的明，光芒万丈的明，透彻的明。

　　高明像是珠三角的一块宝地，插入江门与肇庆之间。珠三角核心区工业化后，高明还呈现出田园的旖旎风光。她处于工业化的过渡带。工业化后的土地千篇一律。人与土地不再有诗意的栖居关系，土地只是作为一个承载物、一种生产资料，被人工具化、符号化。风景就这样被消亡了。

　　珠江三角洲按它的地理特征来分，应该是河道纵横，沙洲密布，一望无垠。珠江下游的四会、三水，这些地名还属大江大河，河流在这里开始交汇，一些不大的滩涂开始出现。那里的山仍然很多，山为岸，山坡树林与河床水色交映，每每让人驻足观赏，凝神片刻。

我有兴趣寻觅三角洲的边沿，三角洲交界的地方。

再下游的高明，山仍然没有消失，而且极高，皂幕山海拔达到了804.5米，成为佛山第一峰。它山峦叠起，气势雄浑，东起鹤山的四堡林场，西至杨和镇，北起坑尾林场，南到罗汉尖，面积达55平方公里。皂幕山的名字富于诗意，深黑为皂，帷帐为幕，前者为色，形容森林幽深，苍翠遍布；后者为形，状其形态，犹如大地帷帐。

高明除皂幕山外，还有老香山、凌云山、鹿洞山几大名山。如此多的山，自然不是典型的三角洲地貌。但它靠西江的一面，却是一片平畴，河塘密布，水波荡漾，一些村庄的人，从家门口坐船出发，可一路出海。这块农田是人工开发出来的，早在南宋咸淳二年就开始筑堤围，于是，渐渐出现围田。

隔着江，对岸的南海却水网密布、河道交织，一派平洲地貌。这是地貌上的珠江三角洲了。因此，从地形地貌来说，高明就是三角洲的边沿。河流至此，可以岸渚漂移，漫流出海。

岭南历史上的土客争斗

广东的历史是模糊的，尤其是古代，中原人写的历史它几乎是空白。翻阅《高明县志》，这里居然下过大雪、冰雹。这在今日的珠三角简直是奇闻。在我的意识里，这块土地是与冰雪绝缘的。

我想，在那些远去的岁月里，还有什么事情在这里发生呢？这片土地上最早生活过的人是些什么人？历史是不厚爱岭南的。边缘地区的人被叫作东胡、北狄、西戎、南蛮，都是严重歧视的蔑称。南方的少数民族，不被中华历史记载的猺、獠、獞、玃……都被中原人冠以"犬"旁，野兽一样称呼他们，边地的鲜活、本真、纯朴、泼辣在儒家的礼仪教化看来都是野蛮的。强大的中原文化压境，傲慢与偏见的目光里，中原焉能著述他们的历史与文化！这样的偏见与傲慢，他们在历史中的遭际已不难想象。

但是，岭南百越族之獦、猺、獠、獞、獽……他们却是自得化外之乐的族群。一道南岭之隔，就是两重天地，像疯长的荔枝林、芭蕉林、椰林、榕树，还有亚热带许多肥大枝叶的植物，都在水汽蒸腾的空气里四季常青，覆过大小山岭。百越族是那样朝气蓬勃的族群，他们不遵教化，天真烂漫，任性而为。所谓湿溽烟瘴之地，不过是中原人的陋见。

《高明县志》大事记中最早的年代是晋末，那个时候还没有高明。高明建置，直到明成化十一年（1475）才正式设立，距今也不过530多年。汉人出现在岭南的土地上，几乎都是朝廷所弃的人，或者是战乱逃离故土的人，他们孤独的身影晃过浓密的树丛，许多年也不会懂得土语。他们隐蔽得如此之深，谁也不会知道他们的过去，他们也许会常常想念起南岭之北的寒流，那树木落叶纷纷的情景再也不会显现于大地了。是他们把中原的文化慢慢带入了这个地区。

寻觅高明古时的族群，《高明县志》记载最早的原居民是瑶族人。可惜他们留下的痕迹稀少。幸运的是，在岭南土地上，雷州半岛还有俚僚人留下的遗物——石狗。

我常有这样的念头闪过：那些百越土著去了哪里？历史这么快就把岭南曾经真正的主人抹得踪迹全无，仿佛他们没在这片土地上生活过。

《高明县志》中记载了一次影响巨大的血腥冲突——土客争斗。这是典型的移民冲突。外来人与土著人为争夺地盘而进行的残酷争夺。清咸丰四年（1854），五月大饥荒，米价每升高达70文钱，饥民开始参与反清。外来客户中的绅士豪富，为了维护自己的利益，利用土著（土户）与外来客户（客户）平时在土地和学额上的争斗，策动"土"、"客"械斗，想挤走"土"人。客户在他们一方的士绅富豪的煽动下，原已参加"红巾军"起义队伍的客户也纷纷退出队伍，加入了反"土"集团。

高要客户武举人马从龙，借扑灭"红巾军"为由，向两广总督请缨。他又借官军名义诬陷土人为"红巾军"进行杀戮。

第二年的二月，客户反"土"集团攻进歌乐、独冈等村，村民十有七八被

杀。两年后，他们再次攻打杨梅、田心等村，接着攻入明城，杀死了很多人。明城一带的土民耕地被客户抢去，为躲避杀戮，大批人流徙到了三洲、古劳、佛山、肇庆等地，因生活无着，许多人因饥生病，客死异乡。

客户反"土"集团甚至阻挠新任知县到任，知县不能入城，只得在一个村子临时办公。

"土"、"客"相斗的情况向上禀报后，当地"土"人组建了驱逐"客"人团练，咸丰九年（1859）开始反击。第二年攻下明城，客户团队被俘、被杀3000多人。知县于是回衙。

持续10年的土客争斗，相互杀戮，死伤无数，范围之广，已远不止高明。最后，客户全部被驱逐出去。客户后来的境况同样悲惨。

踏入岭南，身为异乡人，面对陌生的土地，那些在历史视野消失的百越土著人，却以一种诡异的逻辑，走进了我的内心，让我常怀怜惜。也许这是弱者对弱者的感情——南下遭遇的歧视与排斥，强势进入的挤兑，都是一样的心灵伤痛。

但在南粤大地，我寻觅不到他们一丝一毫的音讯。他们的血液消融在现代广东人的身体里，就像汹涌的海潮里的一粒粒盐。只有一个一个百越出土的文物，一次次证明着岭南土地上的先民创造了怎样独特的文明，而非"俱无君长，随山洞而居"。这是岭南自我生长的文明。石狗作为活着的文物，可能是他们留在这个世界上惟一的艺术创造。它们仍在湛江的田野上流行。那些"蛮夷"粗粝、质朴、放达的生活，在这个偏僻的半岛，留下现场，也呈现出了古代岭南生活的气息。

古耶贝丘遗址

高明给广东的贡献是为岭南早期的文明找到了依据。这里不得不提古耶贝丘遗址。

古耶贝丘遗址位于荷城街道泰兴村委会上古耶村东北鲤鱼岗侧。1984年，当地农民在干挖鱼塘时发现，面积有40000平方米。广东省文物考古所对遗址进行了考古发掘。选取岗顶、缓坡、坡脚和水田4种不同的、连续变化的地貌类型进行了发掘。结果发现了一种新的考古文化类型。这类遗存的陶器以敞口圜底夹砂釜、泥质圈足盘、泥质小口罐为主，还有带腰沿的器型，印纹多为叶脉纹；石器则有砍砸器、刮削器、石斧、石锛、石凿和砺石等；还有猪脊骨、鳖壳等动物遗骨。年代距今约4500年。文化谱系与石峡文化迥然有别。

而古耶贝丘遗址出土的植物遗存，有橄榄科的橄榄、漆树科的南酸枣、壳斗科的烟斗柯、杏叶柯以及瓜类种子等20多个品种。同时，还首次发现了珠江三角洲贝丘遗址中未碳化的稻谷，共有40多粒。

古耶贝丘遗址还发掘出曾被加工使用过的竹、木器、石器，还发掘出了骨、蚌器，如骨簪、玦、凿、蚌玦等小型工具和饰品。

在荷城街道江湾村居委会上湾村又发掘出新石器时代的贝丘遗址，出土了石凿、石锛、夹砂绳纹陶片。这是史前人类生产、生活的遗存，在考古学编年方面起到了承上启下的作用。它显现了珠江三角洲史前人类生存的真实环境。与所谓

"南蛮"实不相干，是一种区别于黄河文明、长江文明的属于岭南的文明。

在绿油油的水稻田边发现4500年前的水稻，漫长的历史几乎就是水稻一年年熟了种、种了熟的历史，几千年仿佛也只是在一瞬间。今天高明田野上那些赤膊上阵的汉子，那些穿土红筒裙的女人，与深埋土地下的稻谷种植者又有多少区别呢？生命一茬茬流转，时间像风一样吹过，几千年就在这样不经意间流水一样过去。现今闻名世界的水稻之父袁隆平听说高明出土了4500年前的水稻，也专程赶来，他也想看看4500年前的水稻是怎样的，与今天的水稻有什么不同。这些生物的基因有哪些是自古而今一成不变的？这位科学家就在三年前，把他培植的高产杂交水稻选在高明育秧，用了60亩地作为高产试验田，并且获得了高产。看到4500年

前的水稻，袁隆平眼眶湿润了。

想一想远古岭南先人的生活，他们有米做饭，食美味蚬，家畜中也有了猪和狗。他们用陶釜煮汤，用盆钵烹烤鱼虾。从水田边挖掘的方坑中可以看到，这里有七层文化堆积物，分别是四个阶段的文化遗存，这是多少代人祖祖辈辈生活的地方？！

有考古者捡起一个双肩石锛，察看出它细致的纹理与沉沉的质地，石刃磨得十分锋利。他断定这种石材非本地所出，是来自对岸的西樵山，这是有名的"西樵石"。但是，西江如此宽阔，石头是如何运过来的？没有桥横过大江，就只有船了。

恰巧就有古木出土，古木带槽，这就是横渡过江的独木舟？再挖掘，木桨出现了，还有一个大石槽。专家认为，这个石槽是一种碾压的生产工具。当时有一种树皮饱含纤维，把树皮碾碎，挤出水分，这些纤维就是织衣的材料了。还可以用这里的红土染成淡红色。现在，当地妇女穿的土红色筒裙就是用这种材料编织出来的。这种纤维除了织布，还能织网。这些先人们是否已经懂得织网捕鱼呢？

网，不可能经受 4500 年岁月的考验而不朽。但网下的石坠却是不朽的。遗址中有许多磨制得十分精细的石坠。这可能就是网上留下来的。

从古耶贝丘遗址走进古耶村，从古民居进入祠堂，一直走到鲤鱼岗的山上，这里是远古的古耶人的居住地，这里发掘出了 30 个圆形凹洞。洞成圆形分布，而圆的中间，是一个一米深的圆坑。他们的房屋雏形呈现出来了：圆洞插入树木，搭成一个尖尖的茅屋，形状极似鄂伦春人的撮罗子。与撮罗子不同的是，古耶村人在屋内挖了一个半窑式的坑穴，这样冬暖夏凉。

从前，西江没有筑堤，江水奔流，大海潮涨潮落，水从一条河道涨到了鲤鱼岗下。乘着独木舟就可以下海捕鱼了。而房子建在圣堂山的斜坡上，阳光明媚，山脚河边，成了最理想的居住地。

这是完全属于珠江的早期文明。与黄河文明、长江文明一样，在远古开始孕育，她呈现了南方文明的曙光。

秦朝，秦始皇的军队，由任嚣与赵佗统领，打进了这片土地。他们看到的应该是完全不同于中原生存状态的岭南百越族人。赵佗在此建立南越国，他走到高明地界，在鹿洞山打猎，此时，同他一起南下的中原人，已经开始与土著人通婚了。这证明，南方与北方并无巨大的文化差距，他们完全可以沟通，彼此尊重，平等相待。

血脉传承

高明，作为一个县的建置变迁、人口、种植业、畜牧业、风俗习惯、人物，这些都由文字记载，集于一册县志，它们是不朽的。但光有文字的记载，这样的历史只是概念的、符号化的。好在我们脚下这片丰厚的土地，能够为我们留下一些历史文物，见证逝去岁月的精彩。

在高明，是众多贝丘遗址的出现，为岭南新石器时期珠江流域孕育的文明提供了有力的佐证。是众多留在这片土地上的文物，把远去岁月先人们如烟一样消逝的生活呈现出来。

大岗山窑址是唐代的龙窑遗址，出土了1000多件唐代的青绿釉陶器，有碗、碟、罐、釜、四耳罐。这是一个盛世留在大地上的器皿。

留在地上的文物，突出的有祠堂。这是宗族生活的产物，它是追思祖先的地方，也是扬名立万、宣扬宗族光辉人物与光辉史的地方。它与中原文化一脉相承，是中原移民南迁的一种标志。高明祠堂的历史与最早的移民的历史是一致的。祠堂兴建始于宋元，盛于明清，到清代中后期，大小祠堂已遍布城乡，为数逾千。现在年代最久远的是荷城塘肚村"艺能严公祠"，它始建于元代。

祠堂之后，就是宗教的寺庙。高明人"信巫鬼、重淫祀"，一大批寺庙相继出现在高明的土地上：观音寺、天后宫、大王宫、飞来寺、岑圣庙、尼姑庵、灵龟庙、天主教堂、梁发礼拜堂。塔是受风水术的影响开始兴建的，保存时间最长的塔是建于明朝万历年间的文昌塔和明阳塔。其它多是明清时期所建。这些表明各种宗教已经进入了这片土地。

碉楼、陂闸、水渠、埠头、古井，反映的是高明人生产生活的场景，表现了那些年代的匪患、旱涝等情形；古民居表现的是亚热带潮湿气候、宗族群居与岭南审美趣味的特点；只有墓葬，它是一个个鲜活的人，虽然先人们已经死去，但墓地把他们的传记写在了大地上。

在高明，能够寻找到这些曾在这片土地上生活过的人——

荷城街道南洲村委会塘肚村后面的山麓之上，一个宋代德祐年间去世的老人，他去世已有700多年的历史了，但我知道了他曾从高要范山村迁至塘肚，在此定居，繁衍生息，成为塘肚村严氏的始祖，被现在村里的严氏后人称为八五祖。

明城镇明北村委会石塘村官迳交椅山，一个大宋驸马都尉五世祖在这里躺下了，他的故事都写在了墓碑上：他姓杨，名叫杨镇，原名公杰，号英叔，是高明罗格村人，幼年随父翰林署中，后恩选博学宏词，御试诗文第一，被皇上看中，特选驸马都尉，赐名镇，许配赵氏三公主给他。墓碑上写明了公主葬于福州，现在与他葬在一起的是位潘氏，她是皇帝赐的继配。那么，一定是三公主去世早，这位杨大人再续弦潘氏。墓始建于南宋。数百年的岁月，他的故事在他后人的血脉里传递，到了嘉靖四十五年，传到了他身后的十四世、十五世房族，他的后人为他重修了坟墓，并把他的故事刻进了石碑。

再看古民居，这些先人们生活的地方，作为仍然"活"着的文物，在与现代人的烟火气息一同向着时间的深处延伸着——

阮涌古村存留着数十栋四五百年历史的房屋，有祠堂、民居、石道和街市。民居布局为棋盘状，各座规格统一，每栋均为三间两廊，基本为硬山顶，大部分为镬耳封火山墙，龙船脊，青砖墙，大麻石墙脚。在一片绿色田野之上，一个个水塘一条条河流倒映着青色的砖瓦，一种诗意油然而生。

高明历史上有名的人物区大相就是这个村的人。他是万历癸酉年（1573）举人，己丑年（1589）进士，著有《太史诗集》、《使集》、《图南集》、《濠上集》等诗文集，被誉为"岭南诗人"。他排除内容空洞狭窄而辞藻华丽的诗风，善于把所见到的民间疾苦写成诗章，开岭南一代诗风。

历史在风一样刮过，土地上总会留下一点什么，让后人看到岁月。走在高明，不只是走在它的一派光明之中，也走在它悠然的岁月里，遇见某些场景、某些细节，这一方天地，既因山水清新而无念，也因天空浮云而生远意，更因古迹众多而浮想翩翩……

青山断处是泷州

　　刚去过粤西的罗定。邀朋友一起去的时候，他们都向我打听，这是一个什么地方？我一时答不上来。后来到了罗定，在泷江边的一块石头上，刻着清代一个叫何仁镜的人写的诗，诗名就叫《答人问罗定》。这位仁兄到罗定任学正，也有人这样向他打听，于是，他写了这首诗："橹声摇尽一枝柔，溯到康州水更幽；一路青山青不断，青山断处是泷州。"他是从一路风光的变化来说罗定的，当年去罗定走的都是水路。

　　有意思的是，这么多年来，罗定就是这样一直被人问着，一直不为外人所知。

　　这与它的地理位置不无关系，偏于粤西一隅，去的人稀疏，至今路还不好走。从前走水路，从西江溯江而上，到了南江，古称泷江，江面不再宽阔，渐渐地一湾又一湾相连，可谓千山沉浮，峰回路转。

　　但罗定是做过州府的，明代高大的城墙至今仍在。从罗定走出来的人你常能遇到。至于罗定，也许就是这样的偏，才保持了一份古意，有待人接物的古道热肠。人们常常提起罗定苹塘道村的一口泉水，它位于罗定、云安、郁南三县交界处，周围三个县的人靠着这口泉，这可是活命的水。与其他地方的人为争水而械斗不同，道村人愿按人口多少来分，人多地多的，水口开得大一些；人少地少的，水口就开得小一些，皆大欢喜。

　　罗定还是一个叫人称奇的地方。我去过苹塘的一处山洞，叫龙龛岩洞，唐

时有人在洞壁上刻字，文章里面找得到 13 个武则天造的字。我去的时候，镇里有人拿了一本《绮楼重梦》的书送我。这是一本风花雪月的章回小说，属禁毁小说。是清末兰皋主人所写。作为《红楼梦》续篇，他写的是贾宝玉、林黛玉转世投胎，仍在贾府重续前缘的事。如此虚幻的一本书，却有极多的实事，书中就有龙龛岩洞的故事。这么小这么偏的一个洞，却入得这部书中？我展开一读，原来是一个叫龙飞的瑶民成立了一个乌龙党，自称乌龙太子。他竟然带着几万人马打进了肇庆府，打到了省城。朝廷派来 4 个女子，她们着奇装怪服，如神兵天将，带兵剿灭了匪患……罗定小小一个地方这一回竟然传得这么远了！

苹塘人因此很是骄傲，拿书的人就像捧着自家的书，刚一见面，就恭恭敬敬地把书送上，早已用笔把这一段画上了红线。

我跟着罗定博物馆的老馆长陈大远进洞，洞愈深空间愈小，沿着龙脊一样的洞穴深入，漆黑一片中，忽然一道亮光射了进来。终于找到一处出口，洞口只容一人侧身爬出。出来已到了山后。老馆长出得洞来，一时兴奋，高声唱起了情歌。

陈大远说，这一带洞穴特别多，他从洞里发现过古动物的牙化石，还有扬子鳄骨、巨羊骨、熊猫骨……大地的变迁如此巨大，一时令人心生敬畏。

龙龛岩洞还算不上稀奇，离洞不远的一个妥村，却是真正的一处世外桃源。主人大概是不愿意被外人知道的，一个劲要往大地上最隐秘的地方去，隐蔽到进村要从一个山洞进去，这是与外面世界相连的唯一通道。人与牲畜都从这个洞进出。进得山来，只见四面群山合抱，中间一片田地，略略倾斜，把一地金黄的稻子呈现在午后的阳光下。这阳光也似乎是极稠的，古铜色的光泽，洒在稻谷稻叶上，也洒在四周石灰岩的山体上。秋天的树木绿得暧昧，与爽朗的蓝天相比，低低地往灰白的山体里聚集。

但见山下的村落，有泥砖稻草盖的旧屋，也有红砖水泥砌的新房。村边水塘里，鱼儿掀起浪花，水牛缓慢地啜饮。一群老人、孩子围坐在一个小卖部的门前，衣服都是洗旧了的青布、白布，闲话起来就是半天。外人进来，都抬头相迎。让座、沏茶，几位80岁的老人，笑口里不见了牙齿。

这么低洼的地方，我担心雨季的时候，水会不会淹了村庄。原来，还有一个隐秘的洞，妥村的水塘溢满的时候，水就往洞中流去，从山外冒出来，流走了。这个洞只有水能流过去，人无法进去。妥村人并不担心水灾。

村里住着的是林、黎二姓人家。康熙年间，一对夫妻最早找到这个山洞，发现了这一片天地。他们于是伐木筑屋，开荒拓地，在此隐居下来。他们就是这一村黎姓人的祖先。陈大远说，黎姓可能就是岭南百越族的土著。我找来妥村黎姓人的族谱，却有记载黎姓祖先，从珠江三角洲沿着西江、泷江一路西行，上岸到了罗定，然后，再挑着行李家当往西面的山区走。他们都称自己是中原人。迁徙的路线与珠三角的广府人相同，族谱上都写有珠玑巷、良溪。当年何仁镜走的水路，也一定是这些南迁者漂泊的河流了。如烟的岁月，土著、中原移民，哪一个祖先才是他们真正的血脉源头呢？黎姓夫妇为什么要躲到这山中？是外面世界逼迫，还是自己想逃避什么？

陈大远对这片土地的了解，深入了土地的下面。这么秀丽的山川，他不相信这里是南蛮之地。沿着泷江而行，在江面开阔的地方，他爬上背夫山山坡，看到一处平地，他感觉古代必有人在这依山傍水的地方生活。他在这片土地上边走边察看，发现地上有一个铜绿色的点，他本能地俯下身来，一捏，是锈蚀的铜。他扒开泥土，一件青铜器出现了。这是战国时期的青铜器。一个战国时期的墓葬就这样发现了。

接着，他又沿着河流，找那些适合人群居住的地方。一天，他在鹤嘴山山坡

下发现有很多残砖。找村民打听，这一带从没有人烧过砖。于是，挖掘，又一处南朝墓葬被发现了。

从背夫山墓葬里，100多件青铜铸的器皿，包括人首柱形器、青铜鉴、青铜箭头、箭镞、青铜镰、青铜叉、云纹鼎、三叶矛、三棱镞出土了。这些精湛的铸造工艺，证明文明之光早在这片土地上出现了。同样的文明，又岂能说罗定是荒僻之地？！

车过罗平镇，发现头顶有一道连拱的桥，看不到尽头，它高高立于大片稻田之上，桥下的村庄，屋脊也显得低矮了。这是罗定人20世纪70年代修的一条10里长的渡槽。真是壮丽的水利景观，它不但规模巨大，也是一处大地上的美景。这条渡槽彻底改变了罗定土地干旱的面貌。在对面山上，我站在渡槽之上，看江水从几十米高的渡槽里一路奔来，阳光照得碧水清澈透亮；渡槽之下，是青瓦的屋顶，如乳的炊烟，金色的田野、远树，天际淡若水墨的重重山峦。切身感受着这片山河、山河之上的平静生活，有一种说不出来的心境。只有这样的山水，心与自然才贴得那么深那么近，就像云朵飘浮过山坡。

山形水态之外

　　岭南的山与水总觉得与内地不同，同样的山峦起伏，绿树披覆，但山只是山，水只是水，那种远处的幽蓝，天地间的灵气，不像有些地方的山水，触动人生命的感受与诗意的情怀。我不知道这是我个人的感受，还是一种普遍的情形。同样的山，譬如与湘西相比，气象就明显不同。这种灵气的缺少，是因为纬度不同，阳光过于强烈，空气太湿，还是植被的肥硕、不分四季的生长？在东北高纬度地区，阳光的色彩就十分鲜明，黄昏的大地都是金黄色的，这是阳光如金汁般照耀的结果。岭南的阳光哪怕秋天也是淡白的。真正色彩鲜明而动人心魄的是大海边天空的蓝，还有絮状的云，那种阳光直射下雪一般的白。它们在我长久的仰望中，悠忽飘浮，形态怪异，深怀了一种世界的阔大与绮想，这是一种天地间的遐思，有一种山长水阔的感动。

　　曾经去肇庆七星岩，这是岭南一处山水名胜，山与水有着奇特的结合：湖面浩大，孤峰耸立。但又觉得直裸，与原生态的山林隔绝。来年酷暑时节再去，在七星岩湖边住了一晚。第二天早晨看到湖中的山和堤，窗外的树木，远处的山脉，宁静、清新的阳光，突然有一种我所熟悉的江南湖山胜景的诗意。这个时刻，心中尘埋的有关田园与山水诗的意境，被眼前这番景象接通了。我竟深深陶醉了。

　　这在岭南是极难得的一幕。我想起了王维、苏东坡、杨万里的诗句，那些来自中原与江南的田园山水诗词是与四季、与二十四个节气相连接的。岭南无四季，乔木常绿，肥硕的绿叶与长开不败的鲜花，意味着她属于另一种季候与地理，她孕育的文化自然不同，是别一种意趣。但眼前凤尾竹与芭蕉叶绿的纯正，树荫的浓重，蝉鸣的起伏，甚至隐隐的人声，远处的湖山，更远处钢蓝的山脉……所有夏天的记忆涌动。我是心怀某种偏执了吧，岭南的美也许需要新的发掘，新的发现。就像岭南文化，她是中华文化中最不一样的文化，有着鲜明的地域特征，外来者也许体会得更深切一些。

　　这种文化趣味在岭南所有的事物里呈现。它的建筑、服饰、饮食、语言与中原相去甚远，就是肇庆出的全国四大名砚端砚，也表现了岭南的风味。端砚从唐朝到清朝都是皇帝钦定的贡品。它的出名与科举有关。据说唐时冬季的长安京试，为使墨汁不冻，考生以火炙砚，唯独岭南的考生所带的端砚呵气即可研墨，因此惊动了皇上。

　　端砚之奇还在于它采自西江底下，沿一矿脉掘成一条深洞。我曾在肇庆端砚博物馆看到过历代的端砚，雕刻的多是岭南风物，虽然取意都是中原传统文化的，但趣味却是岭南的，生活情调与价值取向，也都是岭南的；可以感受到季候

与地理上的区别。还有按名家陈列的，这些出自岭南名家之手的砚台，鲜明地体现了岭南文化的世俗性、生活化倾向。

有一套《龙母传奇》端砚，是肇庆一个叫黎铿的名师雕刻的作品，他取材于当地民间悦城龙母传说。龙母是肇庆流传最广最久远的民间故事，一个民间女子变为神仙，保一方平安。类似的故事岭南很多地方有。但龙母以蛋孵龙的奇想却是肇庆所独有，这也许与临海的地理位置有关。砚面上雕刻了龙母出世、行善积德、为民消灾和智斗赖布衣的情景。手感细腻滑嫩的石料、精致的雕工、地域的传说，集合于久负盛名的端砚之上，天工与人工合于一体。我感到了岭南文化最本土的气息。这里虽有与中原文化相通的血脉，但民间草根朴素真挚的人性之光，南方粗犷原生的生活，海洋的气息，就像这片土地散发的浓郁亚热带的气味，如茂盛的植被一样强炽。

端砚艺术与石湾陶艺一样，都是民间的。它像土里的庄稼一样生长着。但是天地间的日月光华，秋雾朝露，季节轮回，斗换星移，这些最能触动人心灵的虚像似的事物，却难以看到。山的灵性，水的空蒙，与心灵缺少呼应。

但是，这个早晨，七星岩呈现出的禅意、空灵，触动了灵魂。这样的意境，呈现于肇庆的土地，也许与自我的一份心境不无关系吧。

久违了。诗的山河。

龙眼上市的时节，我再到肇庆高要的白土镇，这里有一个广新农业生态园，正域集团接手后，取名为宋隆小镇。这样的生态园见得多了，并不抱什么指望。在工业化后的珠江三角洲，能有一块没有污染的青山绿水已是奢求，至于山水气象与田园风光那是远处的事物。

也是早晨，湖水在森林中隐现，随着一条弯曲的路，湖面或宽大，或幽深，松树、榕树、水杉、凤尾竹以暖黄与冷翠的绿涌向湖面，镜似的湖泊，映着天光与山影，绿的树把湖映得格外深沉。山是一抹的，水墨一样，远处的朦胧有着一种轻盈与空灵。这是米家山水的意境，有水汽的氤氲与迷蒙；空山与空荡的湖面，又让人想到倪瓒的山水江南那一份清寂，想到王希孟、董源画的开阔。这是岭南极少见的风光，这样的山水最适宜于雨中漫步。在春天的薄雾里，有一种天地间的静谧与悠远，像人的心事一样缠绵、落寞、怀想。宋隆小镇，或者说生态园，如此富有诗情画意，的确出乎意外。

湖景居是一片凤尾竹中的一栋小楼，黄墙蓝瓦，廊柱相连。从湖的对岸看，它隐于水与密林深处，有点世外桃源的意味。走近它时，有一种回到童年乡村的感觉，仿佛曾经的一声呼喊，像某个遗忘的远房亲戚，她曾那么亲昵地呼喊过自己的少年。

四周的凤尾竹纷纷摇晃，晨风吹过，农家小院生活的情调、气息是那么真切，乡间的安宁、僻静，乡亲的亲和、温馨，仿佛一种农业社会自给自足的生活降临，让心灵无欲无求。回忆与联想阳光一样弥漫，让人生出"竹边台榭水边亭，不要人随只独行"。

白土镇有一条宋隆河，它是西江的支流，流经生态园。这些湖水来自这条河。宋隆河流近西江，没有高的山，一片一片的高地下，是平坦的田地，这地貌给人的感觉。就像是一个人走累了，看到了一个休憩之地，有一种家园的依赖。那微微倾斜的土地，远处的隆起或低垂，其上的菜蔬，人工垒起的田埂，绿阴深处的村舍，鸡犬之声在空气中的停留……这样的田园小居，是岭南温情生活动人的一幕。

"晚风不许鉴清漪，却许重帘到地垂。平野无山遮落日，西窗红到月来时。"

杨万里的诗正合这样的地理、气候。

我常常于别处寻求湖山胜意，肇庆的山水不免让人生出惭愧。

气　根

　　20多年前，偶尔看到一幅画，让我记住了东山魁夷，那是一幅令人震撼的画！一棵庞大的树根占满画面，没有躯干枝叶，根是裸露着的，虬曲交错，你撕我咬，雄健坚韧，顽强、炽烈、磅礴的生命力，火焰般喷射！我想象，它支撑的是一棵怎样傲岸苍劲的树！什么狂风暴雨，什么严寒酷暑，哪里会把它放在眼里！这是力量之本，生命之母，万物繁衍之血脉！是生命与美的交响！我不知道这是什么树，那时还没有见过南方的榕树，那种来自土地的生命伟力与传奇，当树根遇到阻碍，它甚至能掀起巨石和房屋。

　　后来，我在雷州半岛的红土地上看到了这样的树，一棵完全袒露自己根系的树，一条条根像一堆杂乱的蛇，不知道它们是热衷于纷纷钻入土里，还是喜爱裸露出地面。生有板根的榕树，露出地面的树根，像一张巨大的网，向四面伸张，根系之庞大，面积超过了苍苍树冠！一群孩子树根上爬来爬去，虽然衣服破旧，皮肤被南方炽热的阳光晒得黧黑，雪白的牙齿却展现溪水一样的笑。树根就是一张游戏之床，盛满了童年的快乐。在仰望树冠与天空时，那湛蓝深处飞过的浮云让人想起海，想到了海洋上刮来的狂暴的台风。从榕树走进村庄，走过几里只有小坡隆起的平坦土地，大海的涛声已经盈耳。大陆、海洋平坦相接，天空低垂，波涛与云朵的辽远让脚底的半岛如一叶舢板。一棵大树没有如此抓地的力量，如何敢于面对海洋？

　　南方，第一次我惊惧于树木！

当榕树在巨大的岩石上挺立时，那又是另一番景象。它让我陷入了长长的沉思。广州越秀山的一棵榕树，在峭壁上扎根，根系像藤蔓一样缠绕在裸露的石壁上，像一件工艺复杂的艺术品，竖立在路边，交织成一幅生命力的抽象画。它把生命的秘密无遗展露。

一到岭南，榕树就根系横生，南方隐藏了怎样的自然奥秘？是什么让榕树沛然而磅礴的主殖力如此惊人？古人说南方乃烟瘴之地。南蛮之地，恐怕也是被这样肆意生长的树木所惊吓的吧？！

草木旺盛的南方，硕大如裙、浓绿如醉的香蕉树，给大地披上了绿衣；松一样傲然伟岸的木棉，把自己红艳如火的木棉花举向高远的天空，树枝还没生长出叶子，花朵早开得一树灿烂，大而笨拙的花在春天落地，像锤子击打大地，能把人从春天的睡梦中惊醒；椰子树像一支披毛的箭，高高地射向天空……浓荫匝地的各种树木之下，北方闻所未闻的菠萝蜜、荔枝、菠萝、木瓜、杨桃、莲雾、芒果……形状古怪，漫山遍野，一派森然。一年四季，它们都在疯狂地长、长、长……

四季不败的绿色却掩蔽了个体的特征，一片森林出现，万木竞秀，可能只是一棵榕树。独木成林像是为榕树创造的一个词。对于南方的过客，繁殖的神奇从来是封锁的，只有时间才能打得开这些植物的秘密。

岭南雨季三月就已来临，天地湿漉，让四处漫溢的水寻觅不到自己的去处。我在一片烟雨蒙蒙中到了新会天马村。河中一个小岛，已经看不见泥墩，有时被水所淹，只有一片鲜亮的绿色，像从河床喷涌而出的泉水，一层高过一层，一浪盖过一浪，绿色流淌、涌动，哗哗闪耀，堆起千重浪，像钱塘江潮一般高高耸立，逼得河面低陷，像一个华光闪闪的玉盘。无数绿色的生命带着水的亮光在每一片树叶上雀跃、欢蹦……这是新会纵横交错的河流之中的一道景致，是有名的小鸟天堂。300 年一棵小榕树长成了一片森林，面积达到一公顷。

从楼台俯瞰河面，淡绿的水映着浓绿的树，河水轻柔颤动，一直伸入到榕树枝叶下。在水面，树林就像一团漂浮在河面的绿色云雾。数万只鹭鸟在林中鸣叫，起起落落。在密林深处，它们却无迹可寻。

　　我不禁想，榕树是南方树木的代表吗？在数不胜数的高大乔木种类里，它们都有着各自决然不同的风采，但榕树至少是南方郁郁葱葱生命的精神写照吧？

　　我划着木船进入小鸟天堂的一条小河沟，钻进冠盖一样的树叶下，就像进入一个神秘世界。这里一片幽暗，林外雨雾天的白光，像一道道神秘的天光落下来，枝干纵横交错，如一堆杂乱无章的木柴，而树干上密密麻麻像挂着一丛丛枯草。这是榕树神奇的气根。初长的气根细如麻线，飘飘忽忽，宛若拂尘。它色泽深褐，只有垂向地面的根尖呈现米黄色，这是春天新冒出的芽。它从空气中吸收水分养料。它们静悄悄像流水一样向着下面的土地奔去。起先，你以为它枯死了，像人的胡须一样生长缓慢，不知道它的意图、目的。等到气根触到了地面，奇迹出现了：这条气根像突然苏醒过来了，突然获得了力量，它紧紧抓住泥土，迅速钻进泥土深处，那芽尖一变而成了根，它猛然站立起来，从发丝一样飘忽的须变成渐渐粗壮的树干，很快就长得比生它的树干还要粗壮。它自己再生出枝干，枝干上第二代气根又如瀑布一样悬挂下来，向着更远处的土地垂下去……

　　一代又一代的榕树向着外面世界拓展，它们早已分辨不出上一代与下一代了，不同"辈数"的树干成了同一棵树，连树龄也难以断析。新生命的活力属于整片树林，它们交织成一体，共享繁荣！像俗语讲的，一株榕树便天堂。

榕树这种神奇的特性，只有到了岭南空气这样潮湿的地方方才显现。这种潮湿加上温热，是古人谈起来就惧怕的"溽热"，它成了南方的一种经典描述。在古代，它可以用来贬谪人，但对于自然界却是生命的狂欢。

然而，惧怕南方的中原人却最终到达了这里，走向南方的脚步千年来就没有停息过。面对"溽热"、"烟瘴"，还有可怕的偏见，也无所顾忌，昔日人烟稀疏的百越之地，渐渐地人丁兴旺，直到今天达到一亿之多，生命力之旺盛自然让人联想到榕树。人群沿珠三角密集的河流分布。这些河流就如榕树的枝干。这些远道而来的人，既有达官贵人，也有升斗小民，当初他们被迫南迁，远别乡梓，几乎都是由于战乱、充军、遭贬，内心里怀着对于自然的恐惧，拖家带口，一路迁徙，翻越南岭山脉，进入岭南的土地。历经漫漫岁月，形成了今日广东的广府人、客家人、潮汕人三大民系。

这些南迁者，在北方，他们是社会的弱者、失败者，以逃离的姿态，远遁南方。到了岭南，他们又是隐居者，在高大的南方乔木下，过着与世无争的生活，在岭南纵横交错的河汊间，在绿荫匝地的树木中，他们顽强地生存，不断繁衍，直到这些荒野上的榕树成为家园的景象，伫立在村口，与袅袅炊烟迷离着缠绕着，岭南真正有别于中原的异样生存就这样开始了。人们渐渐淡漠了中原的习俗、语言、文化，渐渐熟悉了南方山川的萋萋草木，它们慢慢变为了庭园里的风水胜景。

榕树生命中的一种悍然精神，却给这片土地上生存的人带来了神启。它开始变为平民的精神——永远不疲倦，不退缩，总在向着外面的空间伸出自己的气根，发展自己，扩展自己，生生不息！岭南的土地被开发了，一批批人甚至漂洋过海，到了世界各地。他们怀揣一本自己的族谱，记录下一代人绵延的生命历程，如薪火相传，这是生命在时间中展开的根系！

岭南人热爱榕树，喜欢在村中社稷坛旁栽种榕树，为的是取榕树根深叶茂和落叶归根的意思。他们远走他乡，会时常怀念一棵大榕树。在童年的梦里，那风中轻摆的气根，是对梦中土地的呼唤与牵挂。

榕树影响并孕育着岭南人的文化。边地的原始、粗粝与稚拙，与榕树是浑然一体的。雷州半岛古老的雷祖祠，厚的山墙、宽的椽与瓦是令人震惊的，甚至它的屋角没有飞檐，垂脊是直愣愣相叠的两道砖线，这种粗犷不像南方反似北方，江南诗词一样的清丽、灵巧与岭南绝缘。所谓江南，那是长江中下游才有的一种文雅秀丽而又自然不失灵性的审美特质。广州的陈家祠，雕梁画栋，屋脊飞檐吻兽极尽夸张繁缛的造型，大红大绿的色彩，跟江南的清秀也毫不相干。最与江南风格接近的潮汕文化，也过于堆砌繁缛，它们都有一种僻地部落的情调，它们都在表明岭南作为边地那种原始的逸出法度外的粗野猛浪。这与榕树的精神是神似的。这是岭南的粗犷与放浪，是榕树一样茂盛生命力的喷薄，是南方率真、裸露的秉性与美学。江南的含蓄、委婉、象征……像被岭南的台风卷走了。

梅生陆河

　　陆河其实是靠近大海的，但它却像个内陆县，一个"陆"字，似乎限定了它大陆的含义。尽管它离海洋只有二三十公里，这里却很少有人吃海鲜，吃的都是山货，当地人的谈吐中也极少出现与海洋有关的词汇，乡村的名字、街头的店名也是与山、内陆河流相关，以与海有关来命名的也极少见，当地的生活习俗、传说，也是山地的，可见海洋对陆河的影响很小。我不知道原因所在。应该海上来的台风是最早刮到这里来的，那些成团的大海上的云，那些腥咸的最早染上大陆气息的空气，多少还有些海的味道，但陆河为何就忘记了近在咫尺的大海呢？

　　离陆河最近的海是南海的碣石湾，那是陆丰县的海岸线。大陆架从碣石湾呈曲线升起来，岸大都是泥沙的，但潮涨潮落的海滩总有那些形状奇异的岩石，那被海水冲刷了千年的石头，表现了水、风和时间的记忆，让人有伸手去抚摸的冲动。低低的海拔，最早的陆地是呈平原状的，但很快就有了起伏的丘陵。海边的土地显得有些荒凉，你是很难看到枝繁叶茂的大树的，庄稼也是瘦弱不堪的，极干渴。大海在那里一片汪洋，无边无际，大海上的土地却如此缺水，甚至连喝水都成问题。早些年，那些靠近大海的村庄，喝水靠打井，井打得很深，因此井也很少，一口井周边的人都要来取水，天不亮就有排着队的人。你望着远处的大海，心里真会生出些纳闷。

　　这一次来陆河，走的是夜路，星空低垂，四野寂静，大路上没有灯光，只有路边的房屋透出的光亮——一种乡村宁静、平和的生活之光，与都市激烈的戏剧性的生活有着鲜明的对照。这些光是藏在黑暗深处的、像弱小动物一样的光。我似乎听得见农民屋里飘散不出去的话音，那么乡土，那么如同叹息般的悠悠晃晃，可以想象得到谈话人的慈祥、质朴和淡定。远处黑暗中的山形都是隐忍的，不见形迹的，在想象里划过某些朦胧的刻痕。这些山对于这里生活的人影响却深远。

季节已是冬深，那些南海上温暖的海风被这些山峰所阻滞，气温比海边显得湿冷。大地却仍然葱茏。毕竟是岭南的土地，这里四季并不分明，满山的树木从来就没有落过叶，北方那种光秃秃枝丫直耸天空的景象，从来都是遥远而无从想象的。北方人到岭南来，总是无端地有一些失落，那是对四季的怀念，一个没有四季的南方会让人感觉不是一个正常的世界，会精神不适。第一次在广东听说到梅花，心里十分惊讶，那毕竟是耐寒植物，是风雪中傲然开放的花。温暖的岭南也会有梅花？但这确是事实，北方的腊梅在陆河的山坡上绽放，这也是梅花的奇迹——她从广阔的空间北方到南方覆盖而来，漫山遍野的粉红白嫩，天堂一般的迷幻景象，如雾如烟的团团光芒，令人心情陡然喜悦！这是梅花自己营造的雪一般的意境。那些关于梅花的品格与古老诗篇，像从天而降的湿冷空气，凛冽而近，可嗅可闻，时间和历史仿佛也达成了某种和解，相融一体。

我们此行就是来看陆河梅花的。在东坑，梅花沿着山坡一片片向着天空升起，直到进入低低压下来的冷雾中，在阴郁的天气里，梅花自有一团绒光，散漫于起伏的坡地之上，浮动的不只是清香，还有它绒绒的梦境一般的光。我在梅花树下走，满眼的花却看不真切，像一团光一样欲轻轻腾空而去，那真是非人间一般的景象。花树间出现有农舍，那种红砖水泥和青瓦泥墙的房屋，鸡狗在地坪里觅食，老人孩子无所事事或站或坐，偶尔几句客家话，静静的时光在远处流逝着，花树下，溪水淙淙而过，只留下不绝的清音，花在一旁独自枯萎。农民们种植了它，想得到的是它结的青果，他们靠它养家糊口，花虽美，花的零落却不曾引发对于时间与生命的怀想。农民易于感怀的是多少年前的人和事，是天地间的物换星移。眼前的花事，转瞬间的开放与凋零，也许只对我这样远道而来赏花的外人才有心灵的感应。专程来看梅花，这不知会引发他们怎样的想法？

　　这片山地居住的客家人，他们的祖先从中原历经千年迁徙，过黄河、长江，到了江西，再翻越或绕过南岭山脉，进入岭南的土地，世代围绕着山山岭岭生活，他们的眼里早看惯了山脊、森林、溪流、岩石、云岫，看惯了山中月、林中鸟，直到靠近了大海，他们对于海洋也还是感觉遥远、陌生的。

　　记得 18 年前的一个晚上，我住在一个村子里，月亮又大又圆，村子安静得只有虫鸣声，我寂寞难耐，在村子里转悠，听到一阵喘息声，循声而去，推开一扇大木门，原来是一批后生在月光下练武。我突然想到，这片土地上的人是有些剽悍的，是南方人少见的剽悍。有一句流传极广的话："天上雷公，地下海陆丰。"讲的应该就是这个意思。海陆丰是汕尾市的海丰县、陆丰县和陆河县的简称，这是一个客家人的地区，客家人一般生活在山区，靠海生活的是潮汕人、广府人。广东三大民系风俗文化各不相同，只有海陆丰的客家人靠海生活，他们紧挨着潮汕人，受他们的影响，但他们过的仍然是山区一样的生活。

海陆丰这个地方的民风有敢为天下先的精神，闹革命，一呼百应，当年彭湃发起海陆丰农民运动，成立农会，建立了中国的第一个苏维埃政权。南昌起义军"红二师"撤退来到这里，在陆河的激石溪驻扎，当地农民见到部队来了，热情高涨（在这两年前，革命军东征也曾到过这里）。男女老少冒着生命危险，配合部队作战，两年时间里，部队被围剿，死伤严重，老百姓受牵连，许多人献出了生命。他们对部队却没有半句怨言，含泪埋藏了这些北方来的战士。

60多年后，我来到激石溪，他们的后人带着我在茅草齐腰深的荒山坡上找到几位烈士的遗骨。那次，几乎全村人出动了。

18年后的今天，我再次来到激石溪，这里修起了一座纪念碑，竟然是陆河民间集资修建的。80年了，他们仍然在默默地怀念那些战死在这片土地上的战士。这是怎样质朴的感情！怎样刻骨不忘的怀念！怎样的一种不离不弃的精神！

我不得不为他们感佩！为这片土地上的古道热肠，为他们的豪爽、热情、大度，即使在市场经济时代，海陆丰人也保持了这一本色，没有其他地方的人那样唯利是图。这让我想到它最靠近的海岸线，干渴的陆地与湿润的海洋，也让我想到梅花，那不畏严寒而绽放枝头的姿态，那苍野之上散发清气与芬芳的孤傲。一个地方的民风如此特立独行，不与周邻相类同，实不多见。陆河，是一个让远方来的陌生人感觉不到孤独的地方。

四会独岗

知道四会，很多人是从味觉开始的。四会产的小小沙塘橘，甜得酥软，落口即溶。每到深秋季节，在大的柑橘热热闹闹售完之后，水果店里橘红一片的四会沙塘橘便开始登场。感觉它在挽留橘香飘扬的金秋，以自己小小的身子，让人回味一个盛大之秋的远逝。

这些年，喜爱玉器的人，口里越来越多地说到四会。四会的玉器加工也开始扬名四方了。

我与四会的缘分却是它的一个名不见经传的村——独岗村。这个村与一代禅宗六祖惠能联系在一起。《六祖坛经》里有"惠能启曰：'向甚处去？'祖云：'逢怀则止，遇会则藏。'"惠能得五祖弘忍传的衣钵，为避免同门争斗，星夜启程，翻过南岭的大庾岭，在往家乡新兴夏卢村走的路上，进入了四会。"遇会则藏"，这是怎样的天机，惠能果然在四会的扶卢山停下了脚步。他这一隐便是 15 年。如今，贞山下一座六祖寺，白墙绿瓦红柱，殿廓林立，天王殿、大雄宝殿、六祖殿、藏经阁、观音殿，中轴线上一列排开，寺借山势，气度不凡。站在放生池环看山林，一股空灵之气，不借云雾，已一派逼人山水画境。

绥江在不远处流淌，它在贞山前开始进入平原，前面将汇入西江、北江。想起四会 2000 多年前古名的由来——大江大河相会之地，如今的大江大河都划出了它的地界，四会在一步步往小里缩，小到傍依着绥江，惺惺相惜。绥江的奔流却自有一段英气与诗意。在冬季的薄雾里，氤氲着，带着这片土地的气息——从山地向平洲过渡的气象，妩媚可人，像佳人出阁。

独岗村就在贞山下，六祖寺、贞仙祠、天音塔的香火熏染着它，世道人心都在这熏染里变得温柔敦厚。独岗村，一栋栋屋舍从山麓的平畴一路向着北面的绥江散落而去，山上的森然林木，也把绿色对接到了一片片的稻田边，溪流也一同下山，清波激滟。炊烟起处，一个尘外之地，俨然世外桃源。

时间到了市场经济的今天，一切都不再宁静了，从前的生活秩序被打破。

绥江一座连接独岗的大桥修通了，北岸的四会城区与独岗连为一体。喧闹随即从桥上随着人流过来了，一栋栋水泥的楼房在江的南岸挺立，房地产开发的现代小区进入了独岗村的地头。商店、工厂、餐馆一个个出现。独岗成了典型的城乡结合部。一边是种田的，种菜，养猪，一切照样；一边是洗脚上田，开餐馆、商店、修理店，办各类加工厂，进厂打工，农业、工业和第三产业在独岗同时出现。富的人家很快建起了高楼，穷的人家仍然住的泥砖旧房。现代包装的商品进入独岗人的生活，塑料垃圾与猪粪堆满了村口，上街穿皮鞋，进村穿雨靴，几十米的距离，靠近马路的饮上了自来水，离路远的只能喝污染的井水，甚至靠近贞山的村庄，电视信号也弱，电压不稳定，屏幕上总是飘动着"雪花"……农村人挨在城边，承受的是城市的垃圾与污染，过的却仍然是从前的生活，这一切早已经见怪不怪了。

2009年10月21日，是改变独岗人命运的日子。这一天，一个身穿牛仔裤的人走进了独岗，他走村串户，探望特困户老人，又去小学看望孩子们，他想的是多为农民兄弟解决实际问题。他问周围一起来的人："经济总量大了，老百姓得到的好处是不是多了？地处城乡结合部的独岗村民能享受到和市民同等的公共服务吗？"问话时，他的眼光炯炯有神，神态坦率、诚恳。他是独岗人做梦也盼不来的人：中共中央政治局委员、广东省委书记汪洋，他把城乡结合部的独岗村作为自己的联系点。

2010年1月13日，汪洋书记离去82天后，我来到了独岗，先循六祖踪迹到了贞山，从六祖寺山门出来，我最想看的是山下这些当年让六祖止步的村庄与村庄里的人。

右边的山坡下，一条清澈的溪水绕着一口山塘，潺潺向着北面流去。它流经一个地坪，是花格水泥砖铺砌的停车坪，一条进村小道，刚铺上水泥，在龙眼树下，几个妇女正在铺一块水泥坪地，周围有嵌着卵石的花径，村口的文化廊坡屋顶的水泥已捣好，等着铺琉璃瓦。溪水在水泥捣的 V 形沟渠里穿村而过，只把一片水的清响留给风吹树动的村庄，它继续往前，那里有刚刚修好的公厕、垃圾池，再后面就是长着肥硕大叶的菜地、花房。

　　走进村里，全村比过年还热闹，村里人还有他们的亲戚朋友，都汇聚到了这个叫大坑一村的地方，砌墙的、拆模板的、运建材的、搅拌水泥的……正热火朝天地干着活。只有几十户人家的大坑一村，就有十几户人家在建钢筋混凝土砖房，村里几乎全部的泥砖房都拆掉了，政府只补助了十几万元，就调动了农民建好自己家园的干劲。

　　一个叫林土生的男人，年过半百，两个儿子在外打工，自己在家种田养猪，拆了泥屋建砖房，因为钱不多，只打算建一层，他因此领到了 1 万元补助款。汪洋书记来村里时曾跟他拉过家常，想不到转眼间村里就发生了这么大的变化。他脸上的笑意如流溪水响，问他拆泥砖房建新房好不好，他一个劲地说："好，好，好。"

　　水塘边一栋两层新房已经建好，里面正在装修，主人林志光站在门口，因为还不能搬家，他仍然住在泥砖房里。他的新房领到了补助款 25000 元。我说他家风水好，有龙眼树，有水塘，水面倒映山峰，他笑着说，风景好不好，还是要靠环境，以前塘边到处是垃圾，进出门都是泥，哪有什么风景。现在猪集中养了，养猪场离村子远，臭气也没了，人心情舒畅多了。

　　在汪洋书记到来之前，这里还是脏乱之地，82 天后，它就像风景区的一景，出落得秀美、清新、闲雅。

　　上沙三村是靠绥江的一个村庄，村里人大都姓吴，一条新修的水泥路直通村里，路两边是稻田，收割后的田里只有灰白一片的禾兜，一台挖掘机在挖一条水沟，一头的抽水机嗞嗞吸着水沟里的水。开春，这里将变成一个蔬菜基地。上沙三村也是一片忙碌的景象，一个刚刚浇筑的广场，几个人正在砌舞台。这里是一

个文化广场。广场边的祠堂快要上梁了。村里的巷道全都倒了水泥，下雨泥水满村流的景况不会再有了。

　　独岗村书记谢志权带我走进100多年前建的青砖老屋间，这里也铺上了水泥。过去，这个地方叫三间屋，谢志权小时候读书天天从屋后的绥江大堤经过，这老旧的青砖沉默于时间的深处，见证了他从前穷困潦倒的日子。他家六兄妹，谢志权是老大，上学家里拿不出一分钱，他自己跑到大队申请一个批条，让他免费读书。一年一年直到免费读到初中毕业。上高中要到江对面的青塘中学去读，每天坐渡船，来回要四分钱，谢志权的父亲拿不出这几分钱。他痛苦地望着对岸的中学，长长一叹，就早早地挑起了家庭的生活重担，去当了一个水泥工。这80天是他最忙碌最快乐的日子，他体会到独岗村这样一个特殊的地理位置，自有它的优势，村里的发展思路是在村干部问计于民、问需于民的走访中找到的：一方面是承接产业转移、为工厂建蓝领公寓、打造贞山旅游、引资开办美食山庄、创办无公害蔬菜基地、引资办汽车销售服务中心、帮助村民转移就业、鼓励创业……另一方面，为民办实事马上可见成效的项目有建卫生村、泥砖房改造、铺水泥村道、通自来水、水利设施修建、建社区卫生服务中心、办技能培训……这些民生工程，村民提出来了，他们说做就做，钱不够，就发动区内企业捐款。82天，独岗面貌焕然一新！

小小独岗是一片福地，当年西瓯族人在此聚居，中原人最早来到这里。禅宗六祖惠能在这里遇到了一位姓叶的猎人，就在他家住下来了。"逢怀则止，遇会则藏。"除了五祖的告诫，也许，是这里的人，这里的山水，让惠能动心了。他在此隐居传道15年，言传身教，传播佛法，点化了阮子郁、梁慈能两人成佛，贞山一带从此香火旺盛。中原文化传入，儒家文化最早浸淫，这片山水间便有了贞山烈女贞仙的动人传说。市场经济年代，又遇千载难逢的机遇，汪洋来到小村，给独岗点明发展方向，带来了财富。它过去的历史文化，变成了今日的新资源。独岗就像一位古典佳人，当她从贞山走向绥江，走向外面的世界时，这是一个妖媚又动人的姿态。

海上横琴

很多年前的一个冬天，我跑到了南方。看澳门的愿望止于一栋白墙黄瓦的大楼——澳门海关。我在腥咸湿润的海风里望着威严、冷漠的大楼，感觉铁一般的冷。

在珠海湾仔码头，白色的游轮，像我这样的游客只能坐船从水上绕行，远眺澳门。我们像一群窥探者，想看清澳门资本主义世界的模样，想看到他们的生活。一切既真实，又像一个幻境。

现在，我想从那时的回忆里面寻找另一种记忆——另一面的陆地。记忆是有的，那里只有绿色的树木与山影，远远地、宁静地浮在海面。我几乎没有认真地看过它们一眼。记得是因为疑惑这片陆地是属澳门还是珠海，才投去打量的眼神。这样的岛屿司空见惯，但因为它绕着澳门，感觉还是有些异样。那时的心里多少是自卑的，这种自卑不只是属于我个人，还有一个国家落后的自卑。殖民地的历史早已终结，中国的土地上却还竖立着澳门与香港这样的大门。这是一个国家洞开在另一个国家土地上的门。

后来，我站到了澳门电视塔上，反过来俯瞰珠海。从旋转餐厅看到的景色，隔海相望的荒岛尽收眼底，那是横琴的一派自然风光。珠海已经成为一座现代化的城市，差不多要与澳门融为一体了。我看到一座大桥跨过十字门窄窄的一线海域，连接了西边的横琴岛。岛上没有房屋，也没有宽大的马路，大小横琴山，山上是低矮的树木，山间平地上有水塘、水田，水边的蕉林，山下的台湾相思树，

都还是绿得浓烈的南方植被的气息，那么蓬勃，那么厚重，像油画原色颜料涂抹在大海与天空之间。

那时，我并不知道它就是横琴岛。一个地方的著名是与它的重要性相联系的，横琴尽管紧挨着澳门，也有几个村落，但相比繁华大都市，它实在只是荒地一块。谁也不会留意它。一个自然得只有树木杂草枯荣交替、四季轮回的地方，哪怕时间最久远，它也只是一个没有历史的荒郊野地。

一水之隔，澳门，这一个东西方文明碰撞、交会之地，世界大历史在这里隆重上演，东西两大文明的靠近与相互影响，谁也想不到会如此深刻地影响和改变着世界。涌动人心的海洋时代降临了，一艘艘平底帆船从欧洲大陆出发，人们忍受着遥遥路途的艰辛，经历海上风暴，一批批来到东方，到达澳门。多少重要人物、多少船舶、多少带着世界各地文明印迹的产品——大红布料、水晶、玻璃制品、英国时钟、古玩、艺术品、香料、药材、葡萄酒、棉花、羊毛制品、火器和描写战争的图画，漂洋过海，来到这里。多少人的梦想，多少人的歌哭，国家与国家间的较量，异国情缘……还有文字、宗教、音乐、思想、建筑，等等，把相邻的这片土地，变成了一个历史之岛，不同文明融合之岛。横琴却仍然在时间的深处沉默，只有海浪的拍打，海风的吹拂，渔民们摇动的橹，吱呀靠岸。生活像日升月落一样悠然、古老。

横琴岛比澳门面积还大，视野里根本看不清它是陆地还是海岛。我上岛仅是为了去海边吃生蚝。车过马骝洲水道的横琴大桥，有人告诉我这就是横琴岛了。我看到的只是一边的海岸，无法体会水中央的岛。岛屿大了，超出了人的视觉感受，它只是地理上的岛，想象中的岛。车走在泥土路上，月光先是在左前方的海面上粼粼闪光。右面，山如墨地黑，在深蓝色的夜空底下，更加幽暗。左方的澳门灯火通明，那些密集的大小赌场，赌客们正在奢华的巨大赌厅里下着注。200米之遥，却是远古般的荒野。路伸到了一片水域的中央，车颠簸着，直到又一片山地与更宽阔的海面出现，澳门已到身后，世界变得一片沉寂，只有如水月光普照。我们找到了一家吃蚝的饭店，走进竹木搭建的房屋，一种原野般粗犷的生活气息，让城市里出来的人，感到了某种诗意。横琴以它出名的蚝，吸引了许多人前来品尝。

拥挤的澳门与一片荒无人烟的地方仅一水之隔，这样的场景只有在不寻常的历史背景中发生。现在，一座连接澳门与横琴的桥架起来了——莲花大桥，它像一只伸出的手臂。这一跨越也象征着新的历史变化。

莲花大桥所在地是当年蒙古军队与宋朝将士海战的十字门古战场。700多年前，一场突如其来的台风席卷深井湾海面的宋军船阵，引发大火。这一战，宋朝将士与元军拼死一搏，终因后援不足，不得不撤离横琴。无数将士葬身海底。当年惨烈的一幕，都在海水的波涛中化为浪花。

历史有时比想象来得神奇！这样一个荒岛，伴着400年繁华的澳门，似乎注定了永远荒芜的命运。谁也想不到，一个富有创建的构想已在悄然酝酿，并且上升到了一个国家层面：结合一国两制各自的优势，把横琴岛变成一个实验区，建成中国第一个粤港澳紧密合作示范区。

2009年8月，横琴的历史开始了！它以最热烈最奔放的姿态冲入珠江三角洲

乃至世界历史舞台的聚光灯下，10~15年后，这片沉寂的土地，将比澳门还要繁华。

新区的模型沙盘做好了。一个三维虚拟的新区展示在屏幕上。在横琴规划建设展示厅，我像穿越时光隧道的游客，率先走入了十几年后的横琴——摩天楼之高大，远远超过了澳门。俯瞰十字形交叉的水道，两河贯通四岸相望，八面海岸同是繁华景象，这是珠海的十字门中央商务区，一国两制交会点。我在高楼与架空的道路间走向海岸广场，人流穿梭，绿荫遍地，灯与商品迷离的光色，律动的城市脉搏，一个高效、繁荣、富有的新城，可触可感，仿佛就是一座梦中之城。

我感到了一种自豪。一个国家真正强大后的自豪！但是，我也感受到了压力，一种生存的紧张，一种竞争的气场。澳门几百年历史的积淀，孕育出了一种温情与闲暇，一种气定神闲的气质。过去的城市，依据人们生活的需要自然生长，城市内含了丰富的人文气息、生活气息，甚至是特定人群的意志与意愿。现代新城，是专家规划设计的，讲究科学，但缺乏人的气息，人的温情，城市开始规范、限定着人的生活，人开始失去选择、创造的权利。人与自己生活的城市有了紧张的关系。我多么希望横琴能延续一种古老的文化，创造出新的生活方式，让中西文化融于一身，真正把人文当作建城的宗旨，让人感觉到温暖、幸福。

在一张白纸上可以画最新最美的图画，可以做人类最美最甜的梦。祝福横琴，她等待这一天已经等得太久了。我期望着横琴，她除了财富，还会有家园的气息。人们到了横琴，有着不忍离去的情感，离去了还有想再来的思念。

水平面

渔政 3②船在虎门大桥附近江面停泊，天色还没有完全黑下来。上午的阳光被北方袭来的寒流吞没，像一杯咖啡，天空挤走了最后一缕阳光。沿岸景物，灰色纸面上的水彩，是一个心情不爽的画家涂上的心中块垒。低矮山岭延伸的两岸，绝不呈现一滴明亮的绿。

虎门大桥不觅踪迹。而海，下游波涛相接的地方敞开着，随风刮来阵阵气息，成一轮轮陌生而腥咸的侵袭。

并非孤寺夜泊，三三两两的大货轮珠江两岸射出一道道白光。陆地进入黑暗后，是天地间的一线墨迹，咫尺之间，只有意念一次又一次登临。

没出过海的人先要适应一下船上生活，船于是出海口抛锚。

星光下，甲板上漫步，走过几圈就没有兴致转了，悯然回到船舱。天气突变，衬衣已经顶不住急剧下降的气温。

夜里，感受波浪摇动庞大船体的晃荡，船上生活是否就意味着拘禁、摇晃？时时刻刻它与人不可分离。

上午还在报社急急忙碌着，看最后一批稿件，回电子邮件，接电话，收拾行装，交代工作……现在呆在船上却无所事事，躺在床上看书，翻过几页就看不下去了；打开手提电脑，想接着写云南怒江的文章，却找不到感觉，脑子里空白得很。广州市区的家离得并不远，在船上小房间接听从家里打来的电话，听着听着我就生出蹊跷的感觉。

时间像一个释放的囚徒，"哐啷"一下丢到了船上。一分一秒不愿轻易挪动了，是船在海中无法走出波浪的感觉。

一个遥远的记忆浮现。一种遮蔽的真相开始逼近。

20多年前，我乘东方红号客轮在长江上航行。从上海到武汉，三天三夜，都在水上。山仍然是在的，只是广阔的水面上，它显得那么低矮，只是一抹蓝色。水天之间，它从此成了配角。第一天，我明白这只是陆地上的一条大江，陆地的印象还占据着脑海；第二天，我开始惊讶水的浩大；第三天，我无法找到江的概念，觉得这个世界是浮在水上的。水在四处流动，我可以在水上行走，抵达任何一块陆地，找到陆地上的村庄……水开始颠覆着世界。

接着看海。那年我22岁。这一年夏天，我从北京到了青岛，火车上下来，第一眼就看到了海的蔚蓝。

海是作为水的汪洋呈现的，但她不过是我目力所及的一片水域。在城市坚固的水泥石块堤岸前，海的飘忽与蔚蓝显得浪漫。想起白族人翻山越岭第一次见到辽阔的水域，他们把一个湖泊当成海洋，可见海的影响力，关于她的想象深入大陆腹地人的头脑。云南洱海因云贵高原远离大海而获得了一个海的名称。与白族人相反，真正的大海出现在我面前时，对于洞庭湖边长大的我，她的辽阔依然需要想象。这里的无边无际，洞庭湖也是做得到的。人的视力所及，都是一片烟波浩荡，渺茫无涯。我习惯性地采取君临的姿态——因为我的陆地生活，大陆架的辽阔是我的身体触摸得来的——这让我有了一种气概。以个体生命之渺小，陆地上的旅行，人如尘埃一般飘浮。这样巨大的存在是人的生命难以把握的。而海洋呢，只是我的一瞥之间出现的辽阔。

人的偏见因生活的局限而成形，而顽固。当我知道地球上海洋占据的面积大大超过陆地时，我感到了惊讶。有一种东西像温度一样渗入我内心深处。但仅凭知识依然不能改变我的世界观。一个生活在陆地上的人，海洋巨大的存在进入不了感觉，知识，有时比起人的经验来显得微不足道。

而作为经历，海洋一旦呈现，它带给我的却是精神崩溃式的震撼。

这经历从虎门大桥起锚的一刻真正开始。

珠江口向南，陆地上的山，开始背弃视线的缠绕，在越来越浩大的水波之上渐行渐远。天色急速转绿。千吨级的渔政船，一头扎进南海，这天上午，我们开始航向西沙群岛。

海的呈现不再与岸有关，更不再与沙滩、城市有关。岸正在从现实变为一种想象。海开始用自己巨大的威力证明陆地世界的不真。它上帝一样以无可名状的伟力扭转世界的本相。它是粗暴的。它采用的是减法——让存在显示出它的真相。

这真相被远方的一条短信道破——"我总恐惧于大海的那种蓝，它是太空黑洞一样的东西"。这条来自天津的信息随即像个漂流瓶一样，孤零零与我一起飘落大海——手机消失了讯号，再也与另一个世界没法联系了。

在我面前的海，因为它的深度，开始蓝得发黑。

只有大海有力量把陆地变为孤岛，无论这大陆是多么辽阔，许多人一辈子也没有到达过它的边际，但与更加辽阔的海洋相比，它依然是漂浮的岛屿。"乾坤日夜浮"开始描述世界的另一种面目。

海对世界采用减法，无情地把这个世界归结为一。道家说："道生一，一生二，二生三，三生万物。"现在，这个"一"就是海了。大地上一派欣欣向荣的景象不过是一种假象，是"一"之后生出来的万物。就像生命只有生与死一样，世界只有水和空气。

海风吹过，湿润、黏稠，带着远方神秘的气息。偶尔出现的岛屿，你看它时，它也在看你，在呼唤船的靠近。渐渐的岛也没有了，雷达屏幕上它只是一块黑斑，现在屏幕干干净净的。浪，从上层甲板看不出它的高度，但从船摇晃的幅度可感受到它越来越升向高处的天空，像人不可抑制的激情。

船在波浪中航行。云层后的太阳在天空运行。日出和日落都跃不过水的疆面。船之外，天空和天空之下的水，浩大、并不断临近。仲秋时节，却没有秋天的景象，只有空气中的温度与季节症候相关。

我在黑暗中进入睡梦，穿过梦中奇幻之境，天亮时睁开眼睛，与昨天看到的景象总是一模一样——水和水之上的天空。重复的历程九次出现，九个昼夜就

到了模糊不清的记忆后面；九次太阳海上升起又降落；之后，之后，世界仍然是水，以及水之上的天空。

失去了大陆，海也失去了尺度。一模一样的水波，一模一样的起伏，堆起郁闷之山。

想起火车，铁轨上哐啷哐啷跑过整夜，可以从广东跑到我的湖南老家，但却不能从这里跑到大陆。那些车窗外出现的南岭山脉、衡山……都被海水填满后，仍然不抵航行的距离。想到如此广阔的空间都是水，竟无比的恐慌！

离大陆的远近早在我的经验之外了。海的深度也达到了2000米。一艘钢铁的船在我的眼里立即成为一片孤零零的树叶，在临空虚蹈。我横躺在房间，不明白这样的房子如何能与一片树叶挂起钩来。这梦境是如此真实——目光所及，空间与陆地上的无异，一样的四壁，一样的木床、木桌，却在轻轻摇晃的一瞬间改变——它不比一个螺壳更大。我就是一只海的寄居蟹。大与小早在海洋面前失去了依凭和意义。

世界回到了它的本原，只剩下了水。水让人回到人类最初对于世界构成的猜想。

公元前500多年前，希腊先哲泰勒斯提出过万物都是水做成的观点。他说，

水是原质。大地是浮在水上的。这样的论断开始之后，才有了后来赫拉克利特、恩培多克勒、阿那克西米尼的火、土、空气之说。泰勒斯生活在地中海的波涛之上。城邦制的小亚细亚，发达的商业贸易在海上展开，参加这样的商业航行不过是人最日常的行为。

中国的先哲们把土、木、水、火、金五种元素构成世界的思想，早早普及到炎黄子孙的观念里。孔子时代以来，直到 19 世纪末，中国的思想家都没有海上冒险的经历。孔子与孟子住的地方靠近大海，但他们的言论中都只有一处提到过海。海在中国人的生存之外，而中华大地就是世界的中心。

希腊的先哲们在地中海上航行，感觉出地球为圆形，开始了真正的天文学观察。而我们只有"四海之内"、"普天之下"这两个互相矛盾的对世界进行模糊描述的词语流行。因为巨大的存在遭到忽略！

站在 302 船后甲板，长久地注视之后，我总是把目光从水波上挪开，投向海天之处。天空从波浪之上开始爬升。海平线呈现出弧形。一次，我转到另一个方向，同样的海平线，同样的弧线。我转动身体，弧线连接起一个完整的圆圈，海是标准的几何形体。我快速地旋转，世界分不出东西南北。黑蓝的海在这个圆圈之中翻腾、起伏。它微微鼓起，凸显出球的特征。圆球形的联想由此产生。

来自中原河南的阎连科走到甲板上，无穷无尽的海，让他想起故乡楼耙山区常常旱裂的土地，想到童年乡亲们为抢水源发生的械斗。甚至在望不见村落与山脉的海面，他幻想着把小麦、谷禾种在海的上面，世界上就再也不会有饥饿了。

同船的文人从一扇铁门进进出出，他们从船舱出来，在甲板上眺望、凝思一会，或是若有所悟，或者只是透口气，又从那扇铁门进入船舱。感想总会追随而至的。阿坝高原的阿来，他的故乡海拔最高，距离大海最遥远，他对海的迷恋也最深。他总爱拿着水手的望远镜眺望，尽管远方不会出现奇迹，他的眺望仍然那么痴迷。他不想什么，只是想沉浸进去，最好沉浸到自己都变成海。山西的吕新在夜里走出铁门，看着满天的星斗"唰唰唰唰"随船移动。李洱在停船的时候，扛着一根长竹竿出门，借着灯光，用丝网捕捞那些趋光的小鱿鱼。只有水手们不轻易推开甲板上的门，他们海看得实在太多了。

在海的痴望中，我想到生命生存的三种方式：一种用翅膀生存于天空，譬如正追随着船上下飞舞的海鸥（它跟随船，是因为船赶得鱼群乱窜，它们可以更容易捕捉到鱼）；一种用鳃游动于水里，水平面以下就是它们的世界（偶尔有飞鱼惊起，从浪花里跃出，贴着水面飞行，有时一条，有时是一群，就像人也可以在水中泅渡一样，只能坚持一会就要回到各自的领域中去）；只有人要依靠一块坚固的船板，用两只脚行走于陆地，离开了船人无法生存。

天空中空气在流动，海里水在涌动，这么辽阔的天地，只有我们困于一个巴掌大的地方，徒自叹息，萌生着世界不动的渴望：人只有在静止的地方行走，才不会晕得天旋地转，呕吐不止。

对于大海，我们是另外一个世界的生物。孤独、恐慌的重重波涛，愈涌愈烈。

风，惟一的存在物；浪涌起，惟一的运动。

这是世界的真相吗？海，从来就是世界的主宰！

玄窗外海浪纷纷，像我纷纭的思绪。我想到两年前的一次降落。飞机从海上飞临福州陆地上的机场。也是这样小的窗口，我从天空发现了海。

海面出现了一条白线，像木纹一样凝固。好一会我才明白这是拍向海岸的浪花，白线外是沙滩。我不明白它为什么是静止的。这也是浪吗？站在更宏观的空间，运动的浪的确会是静止的。

我看到一条船，它也是静止的，尾后的浪花，只有两条八字形的白线，像两根白色的长须，静默不动。只有足够近了，它才像施了魔法一样突然动了起来。那船尾浪花动得像动画片里抖动的线条。

三年前，飞越地中海的希腊海域。一座岛屿就像一朵云那样飘着。当我飞出陆地，进入地中海的瞬间，我有一种真切的飘出太空的感觉——不只是陆地消失了，海洋也消失了，天地只有一种蓝色。速度消失，高度消失，方位也消失。我像浮在太空之中。水在哪里呢？浪又在哪里呢？它们威力巨大的存在，像细菌一样小至无形。

飞过爱琴海域，荷马史诗《奥德赛》里的希腊英雄俄底修斯战后返乡，在这片海洋里漂泊达 10 年之久。而我飞过它不过一瞬之间。

而太空人，绕地球飞行，一天就能绕行几十圈。地球对他们而言不过是个蓝色的弹丸。这片海洋，就像一滴蓝墨水洇开的色块。

这个世界既可以无限大也可以无限小，因此，它既没有大也没有小。只有人能够进入一些大小不同的世界。大小世界似乎呈层级展开，有着各自不同的精彩。

这又是多么神秘的存在！多么神奇的秩序！时间空间遭到改写！

21 号热带风暴在南沙海域形成，它向北移动，遭遇南下的寒流，刮到西沙后，开始偏向西面。台风中心风力 12 级。我们进入西沙八级浪区。

海浪从天边涌来，乌云一般翻腾，让人觉得这个世界从此变成了巨浪的家乡。它们一排排涌动，船穿刺过去，船头被高高抛起，钢板打得嘭嘭巨响，随即又低低落入谷底。船尾翘起来，螺旋桨露出水面空转，船在瞬间失去动力。我从圆形玄窗看到野马一样奔向后面的浪群，看到滚落一地的杂物，双手抓紧床板不让身子抛出床面，我明白生命正经历最危险的时刻，身体经受着晕吐、恶心的折磨。

把耳机塞进耳朵，听着 CD 上的《神秘园》音乐，外部世界的汹涌与音乐的舒缓，给心灵造成强烈的对比与冲击。音乐像来自天堂，灵魂随之飘渺。

天色渐渐晦暗，浪的蓝里有白玉一样的泡沫和水花，它也开始变得幽深朦胧。同船人痛苦的呻吟和哇哇呕吐声传来：贵州的欧阳黔森抱着桶蹲在了地上，不停地吐着，他的体内正经历着翻江倒海。他被水手抬到了船中间的房子，床上的床垫被子撤了下来，铺到了地上，他就蜷缩在上面；北村在呻吟；申霞艳急急奔向厕所，跌跌撞撞，险些摔倒……风把门板摇得砰砰直响，像疯狂野兽在挣脱着捆绑。我这时才明白为什么船上的门窗桌椅都是拴紧扣死的，连电饭煲也用铁丝绑着。

生命如此脆弱、渺小。《神秘园》充满了悲悯，声音响彻天宇；一双巨大的眼睛，打开天空，低低地无言地注视，宇宙就是一个瞳孔，虚空中饱含倾注的视线。

爱与苦，悲与喜，沉沦与解脱，伟大与微小，奇妙地交织在一起。

眼泪轻轻滑出了眼眶，那么冰凉。心里念着："天地不仁，视万物为刍狗。"身心仿佛已经离船而去。宇宙都是浪的飞溅。

一天一夜的搏击，台风刮向了北部湾，刮到了越南。

海上迎来了日出。

熹微的晨光里，我们冲出浪区。

302 船以 15 节的航速继续航行。黑暗中的鱼仿佛海底已经睡卧了 1000 年。海平面桅杆一般高的天边，出现一片橙红。天已经亮了。这时，橙红色里一个刺眼的小白点，无中生有，一点点扩展，直到一个刺得人不敢直视的白炽圆球成形。

海面之上，一条光带铺到它的下面。一片片波涛镶上了金边。

圆球跳出的瞬间，围绕的云彩全都融化了，天空瞬息打开，宗教一般蓝着，高深、幽亮。远处青灰一色的云层蜕变而成云彩，空间像光一样闪现。

腥咸的空气涌来，带着漫漫长夜里生出的清新和时间深处的信息。

新的一天又开始了。

日出对于海下世界也意味着新一天的到来吗？

西沙，仙境一样的地方。大海呈现令人心碎的蓝。海水的颜色那么分明，青黛、湖蓝、碧绿，一块块交织，纯净得失去了深浅；湖蓝艳丽，如同染料，是万米高空大气层闪动的茵茵蓝光；浅的礁石上海水变成茶色，仍然透明清亮；一排浪涌来，堆玉叠翠，几种深浅不一的蓝光立在空中，闪耀于积雪般的浪花间。鱼停在海里，像浮在空中。

永兴岛停泊，小小陆地是一条不再晃动的旱船，钢筋混凝土的码头变得粗糙、坚硬。站在上面，体会着平稳的感觉，人人惊喜、雀跃。海在脚下起伏。人在腥咸又清澈的风中呼吸。一切显得不真切。踩踏陆地的步子失去了深浅、轻重。

琛航岛。羊角树、椰子树绿得鲜艳。阳光洒在树叶上如水一般晶莹剔透。海在沙滩上蓝得像一堆墨汁。302 船就在浓浓的墨汁上停泊。水手们拿出一捆捆丝线，戴上斗笠，开始深海垂钓。喜爱探索的田瑛，放下几十米长的丝线，钓上来一条小鱼。小鱼眼睛圆圆，长到了肚边上。它被钓上来时，眼光傻傻的，像不明白发生了什么事情。厨师举刀相向，砧板上将它按住、切碎，它没怎么挣扎就被做成了新鲜的鱼饵，又随鱼钩沉到海的深处去了。

晚餐，我们把桌椅搬到了甲板上，吃着从深海钓上来的鱼，喝着啤酒，看夕阳像一个伤口被大海抹去，浪漫与晚霞一道被时间点燃。

启锚在晚上 10 点钟，海和天早已分辨不清，它们黑成了一块。

用全球定位仪在电子海图上定出一条航线，测出度数，再定下航速，船就在漆黑的海上自己航行着。驾驶台灯光全灭了，雷达在扫描着漆黑的海面，各种仪表发出微光。水手掌着舵，黑暗中，他能发现海面出现的灯光。

半夜时分，终于看到了左前方的灯光。一条船像来自另外一个遥远的世界。桅灯就像天空低垂的星星。

陆地在三亚出现了。一切开始归于平凡——海水不再蓝得发黑，海面上出现的山岭披上了庸常的绿色，像一个不懂得调和色彩的民间工匠画出的山水。

渴望与囚困交织的心灵这一刻剧烈律动。我们早早地站到了甲板上。岸上的城市与水面的船只显得如此脏乱，像动物窝边的乱象。

登陆时刻，竟有出狱般的感动。我们与水手拥抱。我们上岸，他们还得继续航行，返回广州的基地。

一只寄居蟹从一个色彩亮丽的小螺壳中伸出软软的脚，它悄悄死去了——一次离我最近却不被发现的死亡。小小海螺捡自琛航岛海滩。它与隐藏其中的更小的幼蟹，随我坐船、乘飞机、汽车，到达我大都市中的家。大陆对它是恐怖，是死亡。

珊瑚骨在阳台上突然变得雪白一片，如人的满头黑发一夜间变成银丝，是因为思念海洋吗？我甚至不太相信它曾经是铁黑的，在我把它从永兴岛的浅海滩扛上船时，它一直在黑色中。它那刺鼻的腥味从浓到淡，现在完全消失了。沉甸甸的重量也已变轻。

海呢，去了哪里？拘禁和摇晃呢，也像身体上剥下的泳衣。广州，我望出去的视野，高楼林立，再也不见涌动的波涛。

发愣的时刻，无端地猜想，珊瑚与小海螺在想念海吗？它们在我记忆淡漠的时候，向我提示着另一个世界的图景。那时，整个陆地都在 302 船上。

爬上钢筋混凝土的高楼，我心里常生出同样的感慨——多么结实牢固的陆地！这个世界任何轻微的摇晃再也不会有了。

辛亥革命的血

辛亥年的血

海陆丰之殇

空　格

辛亥年的血

一

台风"梅花"来临前，广州酷暑，滚滚热浪溽闷得人的思维也昏沉沉。明日即是立秋了，惊觉季节之快。一直念着去黄花岗祭拜烈士，不能又拖到秋天。于是提了相机就出门。猛烈的阳光瞬间要把我熔化。

那个辛亥年整整过去100年了。在这个炎炎夏季的最后一天，想到"革命"，体会的却是"遥远"，想象那么抽象，有如竹篮打水，好像碰到了，其实是空的。但黄花岗的土地猛然把这一切推到了眼前，一切是那么真切，是辛亥年的血把几千年的封建王朝彻底推翻了！中华大地从几千年封建王朝的轮替中，走向了新生，新的文明历程从流血后开始。

辛亥年的岭南，中国人表现出来的气节、勇敢，为民族与国家前途以死相许，比之风萧萧兮易水寒，荆轲刺秦王的悲壮，更为震撼灵魂！这是一批精英的慷慨赴死，他们是结束封建统治的死士，其悲壮、决绝、惨烈，在中华民族历史上极为罕见。我在读到他们写下绝命书，读到他们大义凛然走向枪口与屠刀，读到他们残破的遗体，读到七十二烈士马革裹尸，泪水在眼眶中回旋，浩气荡然于胸……

岭南大地，只有挺拔高耸的木棉树才配得上他们的气节与风骨，我常停下脚步，仰望这些岭南的英雄树，它枝干苍松一般遒劲、伟岸，花朵硕大如火如血，令人想起那些烈士的身影。我感恩于木棉，它在这滚滚红尘中标榜的是人间的气节与傲骨，标榜着精神的价值与力量。

午后，火球般的太阳直射，树木尤其竹林绿得苍郁，阳光的瀑布从高处的墓地直泻，濯亮纪功坊、碑亭、祭台、拱桥与石级，扎痛人的眼睛。打湿我衣衫的是奔涌的汗水。置身这光芒之中，头顶只有蓝天。仿佛有一个时光的场，我感觉那个呐喊与论争、骚动与流血的年月正在抵近。

想想100年很遥远了，但100年真的远吗？看《末代皇帝》里面的主角——皇帝溥仪，一直活到20世纪70年代才去世。那个时候，我比他从皇位上赶下来的年龄要大。我们大多数人与他在同一时间里生活过。让皇帝像平民一样生活，让权力归于人民，烈士们追求的"民治"、"公民权"、"平等"、"国有化"、"代议制"、"公民素质"……这些中国古老土地上陌生的词，它们来自西方，如沉沉黑夜中的曙光出现，100年后，这些词语仍是我们的追求与寻觅，有的还将是人类永远的追求。是他们开启了新的文明追求的先河。为着这光明、为着这文明，"革命"在中国的南方酝酿，从微弱而漫长的星星之火，到一夜之间燎原。

凿下名字的石碑耸立亭中，72位烈士名字与籍贯分6排排列，第一排是：方声洞、李炳辉、李文楷、庞雄、陈更新、杜凤书、韦统铃、林觉民、李德山、饶国梁、饶辅廷、林文；第二排有喻培伦等12人。碑上烈士的籍贯都是南方人，他们来自广东、福建、广西、四川和安徽，广东有41人，福建有19人。我一遍遍读着广东与福建，惊讶其数量之多。这两省都靠着大海，都有大量的华侨在海外。辛亥革命的火种就来自海外华人子弟，是他们从西方带来了东方土地上陌生的词汇与观念，这些异端一样的思想最早在沿海传播，让国人惊惶、激奋、醒悟，让出在燕赵大地的悲壮之士在闽粤出现，让从不过问北方皇帝的事情安顺守命的南方人，掀开了中国历史上最悲壮的一页。南方之怒吼，挟带着大海的力量与深广！沉默了几千年的南方，它愤怒的力量当掀翻几千年的帝王江山。

二

石碑上排在第一的方声洞是福建人，1902年，与许许多多有志之士一样，方声洞到海外求学。日本是当时最吸引国人的地方，它明治维新的巨大成功，带给亚洲人以希望。1905年，中国留日青年8000多人。方声洞与他的哥哥和姐姐一起到了日本，他选择的是东京成城学校学习军事。

那个时候，民族存亡的梦魇笼罩在每个有志青年心上。方声洞为国难登台演讲，讲得痛哭流涕。他和哥哥方声涛、姐姐方君瑛、四嫂曾醒都参加了同盟会。

同盟会的南方起义九次失败，又在组织第二次广州起义。他们一次又一次的起义，是认为起义能够点燃全国人民反抗的火种。

辛亥年方声洞新婚不久。同是福建籍的革命党人知道这次起义的凶险，想强留方声洞，理由是东京这边革命任务需要他。

方声洞却悄悄争取到了秘密运送军火回国的任务。3月31日，他乘船离开日本，微笑着向好友郑烈告别："昔年秘密开会，追悼吴樾、徐锡麟诸烈士时，君所撰祭文有句云：'呜呼！壮志未酬，公等衔哀于泉下；国仇必报，我辈继起于方来。'今所谓方来者成为现在矣，宁不快哉！"

方声洞到香港后也不顾姐姐方君瑛和闽籍革命党人的劝阻，阴历三月二十七日晚上，他在香港给侄儿写绝命书，希望他为祖国尽力，并担负起照料诸弟妹、善事祖父的责任。第二天清晨抵达广州，又匆匆给父亲和妻子写下两封绝命书。

广州起义，方声洞已怀必死之志，已无生还之心。

阴历三月二十九日下午，五时半，起义爆发。正是万家灯火初上时分，榕树下的街巷人家正在准备晚饭。天空在迅速暗下来，骑楼下的店铺有的在打烊。这时，举义的螺号呜呜吹响。120人组成的敢死队，他们手绑白布带，脚穿黑底胶鞋，带着一股旋风，突然冲了出来。

以前起义举枪冲锋的都是哥老会等会党人员。这次是国家栋梁之才充当小卒。他们从海外回来，先在香港集中，然后潜入广州。敢死队彰显的是一群中国

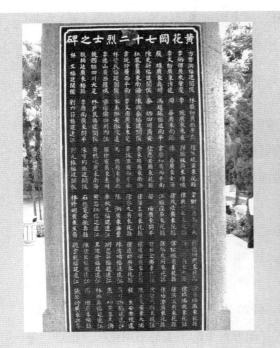

◎ 自由女神像

精英决绝的意志。同盟会此役孤注一掷。

　　120人，中国知识分子最奇特的一次群体行动，他们不是以自己的学识本领贡献国家，而是选择以血。许多人在香港出发前写下了绝命书。信中写的是为国家与民族忠孝不能两全，祈望亲人理解、节哀、保重。

　　突然而至的枪炮声、爆炸声，惊破黄昏的平静，断断续续，显得有些凄厉。也许炒菜的锅铲停了下来，开着的大门"吱——"一声紧急关闭。敢死队呼喊着，从没有见过这样勇敢顽强的军队，孤军深入，在血泊中冲锋……他们占领总督府，总督张鸣岐听见枪声已经逃走。转攻督练公所，与增援的清军半途遭遇……

　　血色黄昏，短兵相接，同盟会精英几乎斫丧殆尽。将相之才小卒一样死去，他们的死是中华民族永远的伤与痛。

　　他们实在是中国现代的启蒙者，在多灾多难的中国，最光明的思想也像风一样吹不进一间密封的房子。民智未开，国家危机四伏，思想与知识无法启迪民众，只有以死与绝命书来惊醒世人，用鲜血来启蒙民众——炸开帝国的一个缺口，让文明之风吹进这已经腐朽的空间。

方声洞在一个叫双门底的地方被清兵围住，他镇定自若，一枪一枪还击，清兵在他面前一个一个倒下。学习过军事的他，俨然一个职业军人，一路击毙20多个哨弁兵勇。后面一颗子弹穿进了背，鲜血立刻染红了衣服，又一颗子弹从侧面击中了他，鲜血已经浸透了全身，他瘫靠在墙上，再举枪射击时，枪哑了，他没有子弹了。

挣扎着，身子却越来越低下去，血已流尽，他头一歪，所有的喊叫声、枪炮声都离他远去了，他的生命坠入了永远的黑暗。

这一年，方声洞25岁。

跟着他倒下的李炳辉比他还小，刚刚20岁。他的名字刻在石碑的第二个，这个广东肇庆人，眉眼细长、面目清秀，演舞台上的小生都不用化妆。很难想象

如此玉树临风的人会有一颗英雄豪杰之心。

革命党人喜欢他、器重他，他死后11年，时任国民党中央常务委员会主席的胡汉民，为李炳辉写下了近500字的题词，详记李炳辉的生平、秉性和志向。赞誉他性情敦厚，最孝道。

李炳辉很小就到南洋教会学校学习英语，想为国家做事。他从新加坡赶到香港，母亲听说他要参加起义，写来了家书，以过生日为由，要他回家。李炳辉留给人世的最后文字就是给母亲的复信，他说自己不能回来了，信中最后他给母亲留下一首诗："回首二十年前事，此日呱呱坠地时。惭愧劬劳思未报，只缘报国误为私。"

唐德刚在《晚清七十年》中写到辛亥革命，他认为最不该忘记的两个人：一个是杨衢云，一个是喻培伦。杨衢云在香港创立辅仁文社，首倡推翻清朝、创立合众政府，他是最早的觉醒者、启蒙者，中国近代革命的开端始于他。而喻培伦，比之荆轲有过之而无不及。我找到了他的一张黑白照片，一个自诩"世界恶少年"的青年，留着一个大分头，颇有几分少爷派头。他竟然有过三次赴死经历，两次是壮士一去兮不回头的行刺。中国历史上，这样的孤胆英雄罕见。

我时常想，中华民族所遭遇的危急鲜有晚清这样的危急，不只是国将不国，连文化也遭遇到了空前的危机。她的臣民事实上所遭受的待遇比黑奴还要低贱。志士仁人，英雄豪杰在这个时代成批地出现，他们既多又慷慨悲壮，为国赴死，竟然接连上演。这个时代成了一个英雄照亮民族史册的年代，一个精神不朽的年代！我们注意接踵而至的国难时，注意那个时代的无能与落伍时，往往忽视了那时的人，那个时代的知识分子，他们其实是中国历史上最有气节最有抱负的一群人。

只有最优秀的分子才最早看到国家的危机，最先忧患。一个国家存亡时刻，最先赴死的往往是她最优秀的儿女。清末的知识分子，不只是面对列强，还要面对腐败昏聩的清王朝，面对民族文化的存亡……他们的心像被烈火一般烧灼着。

喻培伦是四川内江人。他留学日本专研化学、炸弹，最初他"深念非科学不能救国"，"可以兴工致富"，他要走的是科学和实业救国之路。在日本，他起早贪黑、刻苦学习，还对大阪、东京、神户等地的洋瓷、火柴、洋烛、制糖等工业进行了实地考察。有一次，在考察中他制造成功一种安全无毒火柴。他给家里人写信，提出了自己兴办实业的计划，如兴办洋瓷工厂、机器缫丝厂、火柴厂、机制糖厂以及改进制糖设备和工艺。但是，一个丧权辱国的清王朝让他的梦想一点点破灭了。

加入同盟会后，喻培伦"便舍豪华而尚质朴，与前判若两人"。这种转变，缘于多么深的绝望，多么大的痛苦。从此，他一心一意投身推翻清王朝的革命。"他赋性聪敏，无论什么技艺，一学就会。他对小型机件如钟、表之类，素来装拆自如。"同盟会总部交给他制造炸药、炸弹的任务。当时，炼制炸药主要是银制法，这种方法既危险又昂贵。他因试炸时左手炸飞了三个指头。他于是决心研制安全炸药。

这时，他家中破产，为了不停止试验，他典当衣物，抵押官费券，终于成功制造一种威力强大而又安全的新型烈性炸药，并研究成功化学发火、电发火、钟表定时发火引爆的各种类型的炸弹。其方法被称为"喻氏法"。

同盟会的起义接连失败，书生们红了眼，丢下笔杆子，拿起炸弹和枪，欲舍生取义。他们想到的是刺杀。同盟会成立了暗杀部，方声洞的姐姐方君瑛做了部长。

1909年7月，喻培伦参加的第一次刺杀行动开始了——刺杀北洋大臣端方。

端方这年夏天从两江总督任上调为北洋大臣，同盟会估计他会从汉口取道京汉路北上。喻培伦和黄复生、但懋辛等人秘密回国，潜到汉口车站。端方十分狡猾，他表面上取道汉口，到镇江就诡称上焦山一游，突然转回上海，乘轮船北上。喻培伦等人赴了个空。

这年底，喻培伦与汪精卫、黄复生、陈璧君写下血书，这一次，他们目标更大，刺杀的是摄政王载沣。这一次刺杀行动震动了全国。

1910年3月23日深夜，在载沣每日上朝必经之路地安门附近鸦儿胡同迤西的一座小桥，他们将炸药埋于桥下。不幸的是，一个居民在门外溜达，看见桥下两个人影形迹可疑，于是喊叫起来，引来更多的人。天亮后，他们放置在桥下的二尺高的铁罐被发现，沿着一根电线，一直找到了北面甘水桥下的铁盒子。居民于是报官。

汪精卫被捕下狱，喻培伦也受到通缉。他为国慷慨赴死不能，七尺男儿，仰天长叹，有多少痛和伤让他彻夜不眠！

最后的机会来了，辛亥年广州起义，喻培伦自求一死。他制造了300多枚炸弹运到了广州。黄兴、赵伯先看他视死如归，心痛了。这样的人才死不起啊！应该留备党国非常之用。他们劝他不必身临险地。不知道喻培伦听到这话时是什么表情，错愕，震惊，还是气急？他是这样回答的："储才以备用，今日非有用时耶？且党人孰非有用之才，倘须人人留为后用，谁与谋今日之事？自顾孱残之躯，实不逮诸同志远甚。为革命须流血者，尚可为前驱耳！"

起义时情况突生变故，同盟会通知延期，要求所有同志尽快撤出广州。喻培伦认为延期不妥，他找到黄兴，坚定地说："就是大家都走了，剩下我一个人，也要丢完了炸弹再说，生死成败，在所不计！"

起义枪声响起，喻培伦前胸挂一大筐炸弹，一马当先，直奔总督府，用炸弹将围墙炸裂。在莲塘街口与增援清兵遭遇，恶战三个多小时，喻培伦身上几处中弹，直到打光了子弹，他挣扎着再也爬不起来，清兵围上来将他抓捕。

刑讯时，他对着清吏以不屑的口气说："学术是杀不了的，革命党人尤其是杀不了！"他终于把自己的一腔鲜血献给了国家。

这一年，他25岁。

三

辛亥年三、四月之交，杜鹃泣血，中华民族最优秀最忠诚的儿子一个个倒下，中国的良心在颤抖，这个巨人在失血。这一时刻，伟大的母亲是那么无力，面色苍白……

广州起义找得到姓名的烈士86位，其中31位被捕刑讯后被杀；有的连姓名也找不到了。烈士们对国家民族的一腔炽爱，对亲人的不忍，对死的义无反顾，通过文字——绝命书——留了下来。今天我们展读这些血泪文字，心仍然在滴血。它表达的不只是慷慨赴死的决绝，还有今天我们已无法企及甚至无法想象的胸怀。它是我们民族的精神遗产，在迷失的时代，它闪烁的光芒能够照耀我们。透过时空虚无的帷幕，我看到了辛亥年的春天浩气盈溢、万物凄迷。

3月27日晚上，方声洞在给自己的父亲写信——

> 父亲大人膝下，跪禀者：此为儿最后亲笔之禀，此禀果到家者，则儿已不在人世者久矣……祖国之存亡，在此一举。事败则中国不免于亡，四万万人皆死，不特儿一人；如事成则四万万人皆生，儿虽死亦乐也。只以大人爱儿切，故临死不敢不为禀告。但望大人以国事为心，勿伤儿之死，则幸甚矣。
>
> 他日革命成功，我家之人皆为中华新国民，而子孙万世亦可以长保无虞，则儿虽死亦瞑目于地下矣。

他交代后事："兹附上致颖媳信一通，俟其到汉时面交。并祈得书时即遣人赴日本接其归国。因彼一人在东，无人照料，种种不妥也。如能早归，以尽子媳之职，或能稍轻儿不孝之罪……旭孙将来长成，乞善导其爱国之精神，以为将来报仇也。"

3月26日晚上，林觉民在给父亲和妻子写信，在一座叫滨江楼的小楼里，他几乎写到东方拂晓。他是一个风流倜傥的才子，这一夜，不知多少回涕泪交加。20岁东渡日本留学，他谙熟日语，懂得英语和德语，可以从容地出入国际性舞台。他给父亲写道："不孝儿觉民叩禀：父亲大人，儿死矣，惟累大人吃苦，弟妹缺衣食耳。然大有补于全国同胞也。大罪乞恕之。"

接着，他掏出一方手帕，在上面写起了《与妻书》：

意映卿卿如晤：

> "吾今以此书与汝永别矣！吾作此书时，尚是世中一人；汝看此书时，吾已成为阴间一鬼。吾作此书，泪珠和笔墨齐下，不能竟书而欲搁笔，又

恐汝不察吾衷，谓吾忍舍汝而死，谓吾不知汝之不欲吾死也，故遂忍悲为汝言之？

"吾至爱汝，即此爱汝一念，使吾勇就死也。吾自遇汝以来，常愿天下有情人都成眷属；然遍地腥云，满街狼犬，称心快意，几家能彀？司马青衫，吾不能学太上之忘情也。语云：仁者'老吾老，以及人之老；幼吾幼，以及人之幼'。吾充吾爱汝之心，助天下人爱其所爱，所以敢先汝而死，不顾汝也。汝体吾此心，于啼泣之余，亦以天下人为念，当亦乐牺牲吾身与汝身之福利，为天下人谋永福也。汝其勿悲！

这是多么伟大的情感！年少时读范仲淹《岳阳楼记》中的"先天下之忧而忧，后天下之乐而乐"，总觉得这样的情操似有标榜之嫌。方声洞、林觉民这些活生生的人，哪个不是以天下为己任？他们很少考虑个人。"天下为公"，是一个时代的追求。一个只知逐利的时代也许无法理解这样的胸怀。

面对爱妻，面对生离死别，林觉民的一腔柔情因《与妻书》感动了许许多多的人："吾今与汝无言矣。吾居九泉之下遥闻汝哭声，当哭相和也。吾平日不信有鬼，今则又望其真有。今人又言心电感应有道，吾亦望其言是实，则吾之死，吾灵尚依依旁汝也，汝不必以无侣悲。"

林觉民中弹被捕后，当时传言抓获一个剪短发、穿西装的美少年。两广总督张鸣岐、水师提督李准亲自在提督衙门审讯他。林觉民不会说广东话，就用英语回答，他慷慨陈词，满庭震动。他的回答就像一场演讲，综论世界大势和各国时事，宣传革命道理。讲到时局险恶，他捶胸顿足，愤激得难以自抑。他奉劝清吏认清形势，不要执迷不悟，只有推翻清朝、建立共和才是出路。张鸣岐也不禁感叹："惜哉，林觉民！面貌如玉，肝肠如铁，心地光明如雪。"幕僚劝张鸣岐为国留才，而张认为这种英雄人物万不可留给革命党，遂下令处死。

在关押的几天中，林觉民滴水不进。行刑时，他泰然自若迈进刑场，从容就义。这一年，他24岁。

饶国梁的《绝笔书》是在法堂上写下的，洋洋千言，宣传的都是革命与主义。他怒斥清吏："吾辈不死，国民不生，牛马奴隶，生何荣焉。求仁得仁，死何憾焉。"这一年，他 23 岁。

31 位被捕的起义者，没有一个不是大义凛然，慷慨陈词。没有一个不是视死如归。他们写的绝笔书，因为对象不再是亲人，无法儿女情长，却更加义薄云天。

四

巨坟隆起，72 位烈士分成 4 排，埋成了一个大坟。坟顶一个方亭，亭内一块石碑，写着"七十二烈士之墓"。

坟后，纪功坊高高在上，抬头仰望，最高处一尊自由女神像，圣洁、高贵、美丽，也格外不同。我惊讶于这个当年法国人送给美国的女神像，在中国南方一隅伫立了 90 年。这可能是中国唯一的一尊自由女神像。墓地建筑，柱子是罗马式的，墓碑是埃及的方尖碑式样。女神雕像让人想起法国画家德洛克拉瓦名画《自由指引着人民》中的女神。她代表了西方现代政治的肇始，也提示了 100 年前那一场场血雨腥风，它们思想源头的来处。死难者所向往所追求的正是这尊神像所昭示的民主自由之精神。这正是法国当年那一场启蒙运动开启的思想先河。

起义者从海外纷纷聚集广州，本土国民仍浑浑噩噩。

先觉者从华侨子弟到留学生，他们最早接受西方现代思想，他们的孤愤与后觉者国民的愚昧麻木，恰成对比。鲁迅短篇小说《药》中小栓吃人血馒头治病的一幕，那血正是革命党人杀头的血。这巨大的反差无疑是悲剧的主要原因。

我凝望这尊以西方女性形象雕塑的石像，她的身姿像是一种召唤。这一刻，太阳偏西，女神在一片阳光中，周身散发出熠熠光芒，让人感受到了一种深深的感召。

枪声平息，战死的英雄与被俘后用铁链绑扎——杀害的烈士，他们的尸骨从越秀山麓至双门底各街道上，一具具倒卧。血，流满了街头马路，由红变黑。血，溅红了广州辛亥年的春天。沉寂后的城市，连日凄风苦雨，天地为之含悲。

遗体在雨水中开始膨胀，数日后，有的发臭、生虫，惨不忍睹。这些年轻

的生命，来得那么遥远，在广州没有人认识他们。官府诬说他们是一帮地痞、无赖。

市民从门窗偷窥血肉模糊的尸首，谁也不敢走近。有知情者慑于当局追捕革命党人的恐怖，也不敢殓尸。

烈士们的尸骨断头折臂，残缺不全，被广仁、方便、广济、爱育四家善堂院奉命收到了咨议局门前的空地上。南海、番禺的知事商量，打算把尸体埋到大东门外的臭岗。臭岗是专埋死刑犯的地方，被杀的犯人挖一个坑就草草埋掉了，尸体散发的臭气常飘向四周。烈士如果葬于臭岗，那将是对亡灵的侮辱。

留下来的同盟会员潘达微以记者身份寻找墓地，在广仁善堂恸哭求助。得到黄花岗坟地后，又找亲戚帮忙殓尸安葬。4月4日，100多个仵工，将烈士遗体洗去血污，穿上衣服，然后入棺。有的尸体还被铁索锁着，两三人一束，无法装入棺材，仵工用铁锤把枷锁打掉，尸骸一一分开。

潘达微在现场指挥，逐一清点、辨认和登记，总共殓葬了72位烈士遗骸。

100多个仵工抬着灵柩向黄花岗进发，一路静默无声，只有潘达微跟在后面，一路走一路流泪。市民担心官府镇压，只是远远凝望，许多人止不住热泪盈眶。天地含悲，下起了淅沥小雨。

抵达黄花岗后，发现墓穴挖得不够深，潘达微又加钱给土工，要他们挖深后才下葬。

潘达微为同盟会办报，留下来是为了起义后能仗义执言。想不到熟悉的战友一个个在自己面前血肉模糊地呈现，记忆里那些鲜活的面孔要与这不忍卒睹的尸体一一联系，一一去辨认，这种悲怆、熬煎，非当事者又何以能够体会。

潘达微是一位画家、摄影家，之后的岁月，他变卖家产，毕生投入孤儿、乞丐和妇女的公益善事中，最后皈依佛门，做了一位居士。他死后就埋在黄花岗烈士身旁。

第二年，中华民国成立。5月15日，从南京回到广州的孙中山率领各界10余万人至黄花岗祭悼，他亲自主祭并致祭文。孙中山为墓地题写"浩气长存"四字，于墓旁栽种马尾松4棵。他悲怆地挥笔写下："是役也，碧血横飞，浩气四塞，草木为之含悲，风云因而变色，全国久蛰之人心，乃大兴奋。怨愤所积，如怒涛排壑，不可遏抑，不半载而武昌之大革命以成。则斯役之价值，直可惊天地、泣鬼神，与武昌革命之役并寿。"

8年后，滇军师长方声涛募修故墓。

方声洞、林觉民的老乡林森来到黄花岗，替烈士墓募建碑、亭及纪功坊。他们对死难者进行审求，确定了其中的56位。又过了三年，才确定其余16人。烈士名字籍贯核查之难，大埔人邹鲁在碑记里作了记述："然欲举当日死事者姓名籍贯，一一泐之于碑，事乃至难。盖举事之际，务缜密。凡姓名籍贯，同事者非识不能知，亦不愿知之，故今日同事之不知死者。其所能举，亦惟素识者而已。

夫死事者已不止七十二即此七十二亦不能尽举其姓名籍贯，可不痛欤！……夫马革裹尸，党人之志。埋骨已非所期，遑论留名。"

如此悲壮的起义历史上也不多见。义士们连留下姓名也都顾及不到了。

22 年后，有心人又找出了 13 位烈士。

李文楷被误为牺牲了。他起义前得重病被送往香港治疗，没有参加起义。在得知七十二烈士名单中有自己后，他给冯玉祥和时任广州国民政府主席的汪精卫写信说明情况。这时，七十二烈士已经驰名中外，起义中牺牲的烈士远远超过 72 个，"七十二"便只是一个象征数字，也就没有做改动。

李文楷 1959 年病逝于山西省万荣县。

五

黄花岗墓地坐西朝东，在不知不觉中升高。马尾松、榕树、凤尾竹、柏树、棕榈树的阴影在这个夏天最后的阳光里加深、拉长。陵园如今处于广州闹市中央，树木竟然把四面的高楼都遮挡住了，只有东面可以放眼远眺，繁华的街市扑面而来，匆匆车流、人流，感觉却是远远的一种景象，隔了某种时空。

低矮的山冈居然给人俯瞰的高度，珠江新城的高楼区就像是河床下游的森林。这条从大门开始一路往上的瞻仰之路，阳光下干净而明亮，像一条静静的河流，可以洗涤尘埃、清心明目。远处钢筋混凝土的森林，是现代城市疯狂扩张的戟和矛，已经冲向了更远的地方。

辛亥年的死亡就在这山冈上，城市的崛起、喧哗在山冈下。一片坦荡与一片密集对接着。我突然冒出这样的念头：这是烈士们追寻与牺牲的意义呈现吗？在他们赴向死神的时候，他们心中新的中国是否与今天的模样类似？他们每天看着远处的变迁，会不会拷问自己牺牲的意义？

今天的知识分子不再像他们那样谈抱负、主义与理想了，世俗的利益已经让人无暇他顾。我想到杜凤书在母亲面前摘下戒指的那一幕，他是为了自己的国家与民族去献身。现在的人戒指的摘与戴再也无关乎生与死了，若是为着人世间的一份爱与温暖，这也是令人心动的一刻；若是一种交换，世界上有价值的事都以钱来衡量，这样的举动，一定显出卑微。

时代远去，辛亥年远去，但愿这座城市熙熙攘攘的人群里还有人记得广州起义。烈士墓前冷冷清清几个晃动的人影，躺在鲜花围绕中的烈士，也许还不至于那么孤单吧。我在网上看到一位北京来的青年张清水，他在 3 月 29 日这天到了黄花岗，流连不止，感怀不已，写下一段动情的文字。

好在林觉民的《与妻书》还能打动现代人的心，他们的爱与诀别成为艺术家创作的题材，歌手齐豫、李建复、童安格的歌在城市上空飘荡——

> 夜冷清　独饮千言万语
> 难舍弃　思国心情
> 灯欲尽　独锁千愁万绪
> 言难启　诀别吾妻
> 烽火泪　滴尽相思意　情缘魂梦相系
> 方寸心　只愿天下情侣　不再有泪如你
> ……

这是童安格在唱。齐豫唱的是——

> 觉
> 当我看见你的信
> 我竟然相信
> 刹那即永恒
> 再多的难舍和舍得
> 有时候不得不舍
> 觉
> 当我回首我的梦
> 我不得不相信
> 刹那即永恒

再难的追寻和遗弃

有时候不得不弃

爱不在开始

却只能停在开始

把缠绻了一时

当作被爱了一世

……

　　傍晚，我在广州的猎德大桥开着车，星光快速之下的珠江，一闪而过。收音机里年轻的歌手唱着情歌或劲歌，黄昏时的五彩霓虹刹那间出现在头顶的天空之上。我又一次想到，革命与这座城市还有关系吗？当上百层的摩天大楼矗立于珠江之滨，城市全变成了钢筋混凝土与玻璃幕墙的世界，千万人口的聚集，新的造城运动，甚至历史的痕迹也难以寻觅，100年，该是多么遥远！革命，那已是一个历史词汇。

　　一艘游轮从桥下钻过，向着下游的琶洲驶去。我想起下游的黄埔军校，几年前在那里看到过一张照片，它一直在我的脑子里不断浮现：一架自制的简易飞机，上下两层钢架与布做的长长翅膀，可能刚刚试飞降落，一群人在飞机前一字排开合影。他们大都是军人，但个个气宇轩昂，充满理想主义的神情，特别是一种浪漫的气息，从他们的笑容与身姿体态上弥漫开来，让人感受了一个时代的精神气场。他们不像军人倒更像是诗人。记得其中就有张治中。

　　这样的军队出现英雄不足为奇。黄花岗烈士墓就埋葬了很多来自这个部队的英雄，他们都是当年孙中山亲自批准安葬的——援闽粤军飞行家叶少毅，中国始创飞行大家冯如，陆军上将邓仲元，中国革命空军之父杨仙逸，陆军中将苏松山、谢铁良，刺杀洪兆麟的烈士韦德，潮梅军前敌司令金国治，陆军少将梁沾鸿，烈士梁国一、雷荫棠、王昌、史坚如、范鸿泰、翁飞龙等。有黄花岗烈士的感召，后来者纷纷为国捐躯。

　　在这片土地上生活的人群，不同的年代彼此相看已是传奇。时代精神气象的差异让各自变得失真！似乎是时间在改变一切，它可以让大地葱茏一片，百花争艳，也可以使万物萧瑟，荒凉孤寂。历史因人因时代可以崇高，也可以卑下、猥琐、蝇营狗苟。

立秋第二天就降临了，眨眼间，天气变化。在珠江边散步，广州塔临江一线在搭建脚手架。亚运会开幕式搭的架子春天才拆。问工人为何又搭，精壮的汉子回说不知道，只知道建好后要两个月才拆。是因为国庆吗？会不会是为了纪念辛亥革命呢？100 年啊，我们该怎样去纪念？

海陆丰之殇

　　杂草在脚下扑扑倒下，羊肠小道渐渐找不到踪影。草丛中一朵朵的小花，开得淡黄、猩红。草深过腰，我怕蛇便停步。山坡上传来呼声。想象不出这荒僻的地方，曾发生过一场轰轰烈烈的战斗。

　　一支由南昌起义与广州起义会合于海陆丰的红四师、红二师，到达海丰县莲花山，在激石溪设立总部（现陆河县境内），与国民党的部队展开了一场生死搏斗。"围剿"与反"围剿"，海陆丰这个中国第一个苏维埃政权诞生地，从此战火纷飞。在河口阻击战中，红49团代理团长林军杰英勇作战，不幸身负重伤，抬回激石溪罗庚地，因缺药而牺牲。老百姓把他埋在这片土地，后来又把他的尸骨连同一位营长的尸骨收殓到瓦坛里，移葬于这个荒坡。

　　荒坟找到了，在坡顶。四周的茅草有一人多高，枯萎的茅草上再生茅草，厚厚的一层。几个年轻人使劲撩开一层又一层的草被，两个小瓦坛才出现在一个阴暗潮湿的地穴中。这就是60年前那位作战勇猛的团长了。疯长的茅草把他掩埋了60年，寂静的岁月把他封闭了60年，远在异乡的家人同样盼了他60年。60年，他就属于这个荒坡。

　　我走到坟前，一阵沉默，用相机拍下这两个瓦坛。抬头时，我看到同来的20多个村民全站在坡上，怔怔望着我，没有谁说话，也没有谁动一动。中午，我们的车停在罗庚村，村里人得知我是来找红军墓，便有20多人不约而同前来当向导。此刻，我深知这目光中所包含的一切。因为，同样的情形，这几天我已经遇到过几次了。

我们的车停在上护镇上响水跳石仔，一个长满灰绿色菠萝的山坡上。红军在这里与白军遭遇，因为暴雨后上响水猛涨，后撤的红军过独木桥时，桥被冲垮，许多战士纷纷落水。战斗结束，山溪边躺满了红军尸体。当地老百姓挖了好几个坑才掩埋了这些可爱的战士。

如今，连天的炮火、弥漫的硝烟已经化为白云苍狗，只有如剑的菠萝叶长在悠悠山坡，连鸟的啼鸣也难听到一声。一位放牛娃从山坡上转过来，我试探地问起红军坟的事，他赶紧把牛拴了，二话没说，带着我们就往山坡下走。

汗水嘀嗒，气喘吁吁，我们来到一条清亮的溪边。几个农民在采石头，我说明来意后，他们全停下手中的活计，围了过来。他们介绍了那次战斗的详细经过。由于村里要开采石头，就把红军坟由溪边移到山坡上了。当时挖开坟地，已经找不到骨头，他们就装了一大袋泥土，用红绸包着，放了鞭炮，在山坡上筑了一座小坟。我们又爬上山坡，看到了这座新坟。坟前还插了几朵小白花，是放牛娃插的。

从激石溪那个至今仍写有"革命老区"门牌的地方出来，依透迤山势，我们来到海丰县莲花山乡。有一条长长的峡谷进去，但见青山如脊，把蓝天裁成一条飘带。当年红军正是在这个狭长的山谷扎下了根。奔波了一个多小时，有一块不大的烈士纪念碑耸立在山谷边。这是纪念一次战斗中牺牲的红军战士，也是这几天来我唯一见到的一座纪念碑。那次战斗，红军伤了很多，伤员藏在山洞，他们忍饥挨饿，大部分都死在洞里。他们都是些娃娃，说北方话，听不懂当地方言，经常给老百姓挑水、劈柴，战斗后大部队撤走，负伤的战士们怕连累群众，都死在了山洞，留下一堆一堆白骨。老乡们抱着这些骨头哭干了眼泪。

　　我一步步走近这座纪念碑，仰望着徐向前元帅题写的金光闪闪的碑名。秋天的阳光里，两道钢青色的山脊，显得壮美、瑰丽。我久久坐在石碑旁，听溪水淙淙不绝，忧郁的暮色涂在浓密的山林，也染上我的心。

　　在陆河县南万乡杞洋村，我终于找到了一位依然活着的老赤卫队员。她叫钟武妹，已经80岁了。说起当年，她就像是讲昨天的事。60年的岁月有如弹指一挥间。她老了，头发白了，回想当年记忆却十分清晰。她参加赤卫队跟着红军闹革命，敌人抓住她，用钉子钉她的十指，用老虎凳折磨她。她只有一个信念：不能出卖革命同志。说起那些一起战斗过的战友，她当他们仍然在世一样，直呼小名。

　　莲花山，历史与现实是如此紧密相连，没有谁把从前的一切当成历史。那些被岁月烟火染黑的烈士家属牌依然挂在门楣。只要你愿意，就能走进历史，了解到许许多多过去年代发生的真实故事。我理解了为什么在海陆丰最早成立了农会，最早建立了红色革命根据地。在这块土地上，人们对英雄的崇拜，对骨气的看重，对宁折不弯气节的敬仰，为英雄的土地作了最好的诠释。面对这样的土地，我的心装着的只有满满的感动。

空　格

　　门，转动着，玻璃隔开的街上行人匆匆。一个人过去了，一个人过来了。寒冷的北风像小偷，随着进门的人溜入厅来，立即被这个温暖的空间藏匿。室外灯火迷离，室内则辉煌一片，快乐的音乐像陀螺一样在时间与空间的中心旋转。高大鼻子的美国人，夹在一男一女中转进厅堂，脸上肌肉向着高鼻子靠拢的瞬间是他的笑容。他年轻，笑是一件武器，一件可以尽情挥舞的动人武器。他的家在遥远的西方，但他的圣诞节就在他的身边。圣诞树静静伫立于一角，圣诞老人的肖像像一面面小小旗帜，张挂在天花板下，排成两行整齐的队列，躬迎进入这个麦当劳西餐厅的人。

　　门外的警察走过去了，又踱过来了。女儿和我吃下一口麦香鸡，又吃下一口。流动的是吸管中的可乐和身体里的血；凝固的是汉堡包和某种心情。在这个暧昧的夜晚，我们到了这样一个欢乐的家，看许许多多陌生的客人进进出出。我们不再孤独，我们沉默地吃和吸。我们不再寂寞，不用害怕周围的人突然消失，留下一片空空荡荡的时间和空间。我们是多么热闹的一群，可以互相把对方当作背景，当作排除隔阂的有力武器。吃的声音在交流着，华丽又朴素的厅堂色彩作着声音的包装，文明社会把与生俱来的本能紧紧包裹和装饰。

　　一位美国自白派女诗人西尔维亚·普拉斯曾经说，只要我愿意，你们这些人可以在我闭眼的瞬间死去。那时，她走在街上，行人只在她的注视里对她才有意义。他们的死和生就像眼皮的张和合，毫无意义。而我现在正坐着，我们对面和左右的人也都坐着，睁眼和闭眼无法把他们消灭，我只能用我的嘴和胃消灭面包，消灭菠萝新地和可口可乐。我只能把他们看作是我今晚的需要，我需要他们，于是他们就有了，正如《圣经》里上帝耶和华说，这个世界需要光，于是就有了光。他们像建筑积木，窗子只是木块上画着的画儿，人也只是贴着五官的躯体。我用想象填充着他们大致相似的履历和故事，人生的悲欢离合不过是代代重复的游戏规则，我们说着前人说的话，我们做着别人做着的爱，所谓的人生体验，是无视类的和代的现实的自娱。年轻女诗人酝酿着一场自杀，拿生命做最后的游戏，死和活这时只是她意念的一部分。人由尘土变作人，尘土由人变作尘土，都是上帝的概念游戏，世界不生不灭。空虚中的空虚，是上帝说要有光就有光的东西。

上帝在缥缈的夜空中，圣诞老人在花花绿绿的小纸片上。

川端康成写下《临终的眼》，他触到了死亡冰冷的肌肤。自杀的作家芥川龙之介和画家古贺春江，一个拥着幻灭，一个造就死的凄美。画家那乏力而垂死的手搅动着生命最后的幻景，画笔一丢，其实什么也没发生。川端康成在大地震后的废墟上奔跑，那时，成堆尸体焚烧后的灰尘被雨点从空中敲落，打在他的身上。有一段时期，他站在自己的住所望着火葬场上空的烟云，读墓碑上的红色字体竟悟出静穆之美。他那么平静地拍一拍衣襟，看一看晚了的天色，就走进屋里去了。他知道自己就是那些可以飘落的尘埃，早已放置在时间的某个空格里。他不愿时间的着意安排，他懂得时间的全部意义就是制造各种空格，是一道道墙把生命隔开、排列。那一天，他终于把自己遁于空洞，从时间的那一端搬到时间的这一端，死的意志表达成了时间的段落，他是他自己的搬运工。而时间呢，本无所谓有无，它是一个巨大而空洞的容器，任何东西都包容在里面，任何东西也可以包容时间，它们都是空虚。

今晚，我们共同租用了一个时间和空间的场所。

……我与女儿紧紧相拥，走出这个温暖的大厅，面对另一种时间的表述。街上，摩托车上下来的情侣拥抱着，他们之间隔着双重头盔的钢铁的距离。这钢铁的距离等于多少空间的距离呢？空间的距离与心灵的距离是怎样的互见呢？拾荒

者在黑白两色巨大的塑料垃圾袋间坐着，北风吹得薄薄的袋子窸窣而响，他像守着自己的羊群，守在车马喧哗的马路边，迅猛的车辆像狼群一样奔突，他在灯火明亮夜色晦暗里守着自己的迷幻。寒冷反咬他的肌肤。我们蹦着跳着，我制造着女儿的欢乐，也像普拉斯那样制造着情侣与拾荒人的死亡 —— 在一转头间。

　　川流不息的车流人流，20 世纪末最嘈杂的钢铁之声，咆哮在时间之河里，乱窜的车灯像黑夜里受到惊吓的猫，去追捕时间这永远在前的鼠。我像一个历史纪录片的观望者，突然站到了另一片时间中，看到这一景象是怎样被时间的空格收去，存放到它巨大的虚无之中。我自己就在这幅历史画图中，我被我自己的感觉与想象看到。

　　今夜，注定了时间的撕裂，我在一个设定的时刻，走过一道大门，与女儿进剧院去听一场交响音乐会。回到 19 世纪的夜晚，那个 19 世纪人的喜悦与忧伤，是文字无法捕捉与描绘的另一种空虚。但我触到了时间这种东西，这种不无苍茫的东西，这种永远空空荡荡的东西，它的的确确就存在我的世界里。

"行走文丛"让读者期待

　　"行走文丛"是海天出版社近年精心策划打造的一套文化散文丛书，它以作者亲身行走寻访为切入点，将沿途所见、所闻、所思及相关的历史文化呈现为优美、深刻的文字，区别于那种走马观花、浮泛浅陋的游记，虽然也是行走，但着眼处不在"走"，而是对当地现实及历史文化的再思考、再发现和再认识。作者目光所及，步履所涉，思考幽微，见识独到，对一些习以为常的历史文化景观及人文现象，进行重新认识、梳理和反思。丛书力求做到图文并茂，雅俗共赏。打开本书，必是一次与精彩文字和优美图片的美丽邂逅！

已推出书目：

《走马黄河之河图晋书》　　　　　　　陈为人著

《太行山记忆——石库天书》　　　　　陈为人著

《到一朵云上找一座山——穿行滇南》　黄老飙著

《自在山海间——路上的中国故事》　　大　力著

《一个人的国家地理》　　　　　　　　朱千华著

《田野上的史记——行走岭南》　　　　熊育群著